「バカ上司」その傾向と対策

古川裕倫
Furukawa Hironori

a pilot of wisdom

目次

第四章　バカ上司の典型

言い訳ばかりしている上司／自分の立場を理解していない上司／経験主義の上司／軸ぶれする上司／名前や固有名詞を覚えない上司／分析力のない上司／決断できない上司／積極性がない上司／ウジウジしている上司／部下を叱れない上司／教育できない上司／権限委譲できない上司／丸投げする上司

「イヤな上司」「ダメ上司」は許せるが、「バカ上司」は許せない／聞く耳を持たない上司／説明しない上司／「情報共有がないとこうなる」実例／権力主義の上司／魔女狩りをする上司／逃げる上司／責任を取らない上司／自分の保身しか考えない上司／部下に仕事を与えない上司／目標達成しか考えていない上司／

仲間を増やせ／外部の見識高い人を使って説得せよ／勉強会をやれ／証拠を残せ／外堀を埋めよ／戦いを始めたら、徹底的に／喧嘩と直訴／喧嘩は証人のいる前でやれ／肉を切らせて骨を断て／思わぬところで共感を得られることもある／相手に「与えるもの」を用意せよ／主語はあくまで「会社」／戦いが長引くようなら、状況を一つ上の上司に報告せよ／打たれてもくじけるな／一度負けても二度目で勝て／「戦う人だ」と周囲に認識させよ

第七章　自分がバカ上司にならないために

「いい人」と「できる人」の違い／自分の変化に気づけ／自分の未熟な点を人前で言えるか／ユーモアを身につけよ／「自分の仕事」をきちんとこなせ／

章扉イラスト／しりあがり寿

はじめに

あるとき、後輩数名と一緒に飲む機会がありました。その一〇年ほど前に、数社が集まってジョイントベンチャーを設立したときの後輩たちで、当時はそれぞれの親会社から出向していました。

苦しかったことや楽しかった思い出話に花が咲き、さらには「いろんな上司がいたなあ」という話題になり、そこで異様に盛り上がってしまいました。ご多分に漏れず、「あの上司はこうこうで」「あれには参った」「頭にきた」などのたわいもない、どこの居酒屋に行ってもサラリーマンがやっているような話です。一〇年前というのは、なまなましさは一段落しているものの、そんなに大昔でもないので鮮明な記憶が残っており、酒の肴《さかな》にするには格好のタイミングだったのかもしれません。

文中でご紹介しますが、私がサラリーマン人生駆け出しのころ、先輩から「お前は、どっちを向いて戦っているのか」と問われたことがあります。その先輩は、言外にこんな意味も込めていたように思います。たとえ相手が上司であろうと、戦うべきときは戦わなければならない――。そんな話を、酔った勢いで後輩たちに語ると、彼らは驚くほど共感してくれました。

それまで、あの言葉にどれほど大きく影響されていたのか、自分ではよく分かっていませんでした。しかし、後輩たちの反応に接して、これまでの自分のサラリーマン生活において「上司と戦う」というテーマがいかに重要なものであったか、あらためて気づかされたのです。

かくして、上司についての議論はますます白熱していきました。私はもともとビジネス本に興味があり、また、これまでに出会った上司について言いたいことが山ほどあったので、様々な事例や分析を以前から書き綴っていました。当然、自分なりに頭のなかはきちんと整理ができています。いろいろなタイプの上司について分析した結果を披露し、どんな戦い方が有効なのか順を追って説明していくと、二〇代、三〇代、四〇代の後輩たちから「それは絶対に面白い、早く読みたい」と煽《あお》り立てられ、「じゃあ、すぐに完成させてやる！」と宣言したのが、本書を執筆することになったきっかけです。

執筆中、ある人から「偉い人や尊敬すべき人について書かれた本を読むのは勉強になるが、だれが好き好んでバカな人間について書かれた本を読むのか」と聞かれたことがあります。言われてみれば筋の通ったごもっともな指摘ではあります。

しかし、なぜサラリーマンたちは、上司の悪口を酒の肴にして飽きることがないのでしょうか。

当然ながら、バカ上司とは毎日付き合わなくてはなりません。すると、バカ上司のバカ話がどんどん蓄積されていくことになります。自然の摂理と同じように、溜まったものは定期的に吐き出さないと健康に悪い。体内に毒素を溜め込んだままだと自分が病気になってしまいます。こらえられなくなって爆発すると、より深刻な事態となることでしょう。

さらに、「バカは死ななきゃ直らない」というくらいですから、バカは延々と生き続けて、そして生きているかぎり、次々とバカを続けるのです。古いバカ話を吐き出してしまっても、すぐにまた新たなバカ話が溜まってしまいます。要するに、どこまでいってもきりがないのです。

飲み会でバカ上司の悪口を肴にして盛り上がることは、一時しのぎの生理的排出手段としては有効でしょう。しかし、決してバカを直すことにはなりません。

バカを直すためには、意を決して、本人と一戦交えることが必要です。同時に、より重要なことは、バカを反面教師とすることで「自分がバカ上司にならないように」心構えをしておくことです。

ということは、やはり勉強です。バカ上司を知ることも勉強だということです。

違う意見をお持ちの方も、そのとおりと共感していただける方も、しばらく本書にお付き合いをお願いしたいと思います。

第一章　上司は三つのカテゴリーに分類できる

問題解決の第一歩は現状分析

非の打ち所がない、素晴らしい上司ばかり——そんな職場なんてありえるでしょうか。多かれ少なかれ、どんな職場でも上司に対する不平不満は必ず存在します。そういう環境下でみんな仕事をしていかなければなりません。

どこの会社でもいつの時代でも様々な悩みが存在しますが、「仕方がない」とあきらめようとしてもあきらめきれないし、仮にあきらめたところで、それで自分の仕事の能率が上がるわけでもありません。

上司にかぎらず、会社ではいろいろな問題に直面すると思いますが、何事においても問題解決の第一歩は現状分析です。そして、それに対応する解決策をいくつか考え、優先順位の高いものから実行していくことが大切です。本書では、上司に対する不平不満を分析することからスタートしましょう。

たとえば、こんな〝悪口〟をよく聞くことがあります。

「部下に対して口うるさいわりには、自分の時間管理がルーズ。客先からもバカにされているし、いつも脂ぎっているので女性からは気持ち悪がられている」

「上司には満面の笑顔で目一杯ゴマをすっているのに、部下にはいばっている。いくら提案しても聞いてくれないので部下から信頼されていない」

「いつも忙しいと言っているが、外出したらノーリターン。いつまでたっても物事を決めない優柔不断男。頭はポマードでベタベタで、女性には妙にニコニコしている」

「忘れっぽくて、進めてよいと言ったことをあとになって許可してないと言い出す。ハシゴをはずす。平気で部下の責任にする」

ほんの一例ですが、よく見ると、どれも複数の要因が絡み合っています。私はこれらを三つの大きなカテゴリーに分類してみました。

一つ目は、暗い、いばる、ゴマをするなど主に「性格」の問題。

二つ目は、決断力や記憶力のような業務遂行「能力」の問題。

そして三つ目は、責任を取らないなどという仕事への「姿勢」の問題です。

どこまで「性格」「能力」「姿勢」のカテゴリーに正確に分類できているかは別としても、なんらかの区別をしないと分析になりません。分析ができないと次のステップである解決策に進めないからです。

居酒屋で上司の話になったら、あなたもこれらの切り口から問題解決に挑戦してみてください。

イヤな上司は「性格」の問題

まずは「イヤな上司」です。

たとえば、髪の毛や背広の肩にフケがついているとか、ワイシャツがクシャクシャでその襟元が汚い、清潔感がない人。また、額がいつもギラギラ脂ぎっているような人。こういう上司は、当然ながら、部下や周りから気持ち悪いと思われ、敬遠されます。

面白くないダジャレを言って、自分だけ笑っている上司もいますね。また、部下を強引に飲みに連れ出してネチネチ説教したり、カラオケ屋で唯我独尊《ゆいがどくそん》となっている上司はたまったものではありません。嫌がっている部下に「歌え」と命じて、おまけにその批評をする上司までいます。こういう上司とは、仕事うんぬんではなく、単に、一緒にいること自体が不愉快です。

暗い上司、いばる上司、怒りっぽい上司、人をバカにする上司、いい格好をする上司、自己中心の上司、ワガママな上司。これらはすべて「イヤな上司」です。のちほど、順に紹介しますが、これらは主に性格的な問題に起因しています。

当然、そういった人々には人望がありません。ただし、イヤな上司イコール仕事ができない人、というわけでもありません。

部下や周りから嫌がられていても、なかには〝自分にとっての上司〟にゴマをすってそれなりの仕事をこなす人もいます。部下が協力的ではなくとも、個人的には非常にがんばり屋なので、部下の分の仕事までこなしてしまう人もいます。イヤな上司のもう一つ上の上司から見ればどうでしょう。その上の上司からは「あいつは性格的に多少の問題はあるが、仕事はする」とか「途中経過はともかく結果は出す」と評価を受けている可能性はあります。部下から見ればイヤなのに、その一つ上の上司から見れば受けのよい上司。これは部下にとってジレンマです。

イヤな上司の具体例については、第二章でより詳しく紹介します。職場で悟られないように、仲間内では、ヤな上司＝「Y上司」もしくは「YJ」とでも呼んでおきましょう。

ダメ上司は「能力」の問題

「ダメ上司」とは、端的にいって仕事の能力に問題がある人です。なんらかの理由で結果が時間内に出せなかったり、仕事をやり遂げることができなかったりする人たちです。

また、会社で部下や周りから信頼されていない上司もそうです。そもそも仕事ができない人だから信頼を得られないのであり、そのようなケースも「ダメ上司」と定義させていただきます。

具体的に言うと、聞いていても理解力がない、説明ができない、言い訳が先行する。あるいは、自分の立場を理解していない、軸がぶれる、物事を決められない……といった上司たちです。

世の中では、これらの人をよく「頭が悪い」と表現するのですが、正確に言うと仕事の遂行能力が低いということです。

日本の会社にはこのタイプの上司がたくさんいます。年功序列制度の負の落とし子であり、年数を重ねて実力以上の役職をつかさどっている人たちです。

年功序列制度では出世のスピードは多少違っても、それなりの年齢になると中間管理職に上がっていきます。逆に、実力が非常に高くても若いというだけで上に上がれない人もたくさんいます。結果、部下から見て自分たちより能力的に低い人が上司として存在することになります。

また、業績の良し悪しで採用人数が入社年度によって大きく変わる会社などは、全社を見ると時としてキノコ型の年齢分布となっています。上司の人数のほうが部下より多いという逆転現象です。

欧米型企業では、仕事のできない上司は日本に比較するとはるかに少ないと思っていいでしょう。理由は、欧米型の企業組織はピラミッド型に保たれているからです。すなわち、会社の上にいけばいくほど人数が少ない。ピラミッドの上にいく競争に脱落すると、歳はとっていても低層部に留まっていたり、会社組織を辞めていくことになるわけです。

もっとも、ダメ上司であっても人間性に優れているケースもあります。この場合、部下や同僚から「仕事のできない人」とは思われていても「でも、いい人」とか「嫌いじゃないけど」と付け加えてもらえることがあります。要は嫌いとか好きだとかの人間性の問題ではなく、仕事の能力の問題なのです。

ダメ上司については、第三章で詳しく紹介します。とりあえずは「D上司」もしくは「DJ」とでもしておきましょうか。

バカ上司は「姿勢」の問題

「バカ上司」とは、性格や能力の問題ではなくて、仕事に対する姿勢に問題がある人たちです。

一例をあげましょう。部下の説明を聞くことは大切だと思っているのだが、理解力が乏しい。これは「ダメ上司」です。

そうではなくて、そもそも、部下の言うことなど聞く必要がないと思い込んでいるのが「バカ上司」です。根本的に、仕事に対する姿勢が間違っているのです。

イヤな上司やダメ上司は、まだ救いようがあります。たとえ性格的にウマが合わなくても、あるいは、何度も説明をするのが面倒くさくても、もし会社の一大事であれば、部下はそんな上司にも協力するものです。つまりそこには、部下が上司をフォローしてあげられる余地があるわけですが、仕事に対する姿勢が間違っている上司の場合は、そういう具合にはいきません。

ことさら細かい分類にこだわる気はありませんが、バカ上司も二つのパターンに分けることができます。

一つは、姿勢が間違っていることを自覚していない人たち。これをバカ上司＝「Ｂ上司」もしくは「ＢＪ」としましょう。先ほど言ったような、部下からの説明を聞こうとしない上司のほかにも、部下への説明は不要と思っている、上司としての責任を分かっていない、自分の上ばかり見ている……など、自分のバカに気がついていない人たちです。

もう一つは、姿勢が間違っていることを自覚しているくせに、知らん顔してそれを直そうとしない大バカ上司です。これをウルトラ・スーパー・バカ＝「ＵＳＢ」と命名します。ＵＳＢとは、パソコンと周辺機器をつなぐ規格の一種ですが、ＵＳＢメモリーなどに採用されて普及しています。職場でウルトラ・スーパー・バカとは言えないでしょうから、ＵＳＢとでもしておけば、当の本人は気がつかないでしょう。

先ほどの例で言うと、部下の言うことを聞こうとしないのはＢＪですが、あたかも聞いている振りをして、実は聞いていないのがＵＳＢです。さんざん部下に説明させておいて、ウンウンとうなずいているのに、最初から一切、聞いていないのです。

また、ＵＳＢは、自分のためだけに意図的に会社や部下をミスリードする輩《やから》です。自分を有利な立場に置くためにあらぬ噂《うわさ》を流したり、誹謗《ひぼう》中傷をしたり。本来、社員は会社に貢献することが本分なのですが、こういう人たちは、むしろ、会社に対する背信行為をしばしば行っていることになります。こんな連中とは、いずれなんらかの方法で戦うしかありません。

これらバカ上司については、第四章で説明します。

第二章　イヤな上司の典型

暗い上司

まったく笑顔を見せないテレビのアナウンサーがいたとしたら、どうでしょう。視聴者はいい印象を抱くでしょうか？

従業員の明るい笑顔や、職場の明るい雰囲気を望まない会社はありません。これは、すべての基本です。ことに、飲食などのサービス業や小売業は、従業員が笑顔で応対できるかどうかで売り上げが上下します。したがって、こういった業種の従業員が参加する顧客満足（Customer Satisfaction＝CS）研修では、必ず「笑顔ができているかどうか」がチェックされるのです。

「笑う門《かど》には福来《きた》る」と言います。幸運の女神も、笑顔に引き付けられてやってくるのです。人生の成功者は、その人なりのいい顔をしており、顔に責任感や情熱がにじみ出ています。そして、成功者は往々にしてその笑顔も素晴らしいのです。

しかしその一方で、つねに眉間にしわを寄せ、難しそうな顔をして、下を向いている上司がいます。このような暗い上司は、自分だけではなく周りも暗くします。さらには、客先までも暗くしてしまうことがあります。

暗いと部下の士気が下がります。孫子の兵法に「善《よ》く戦うものは勢いにこれを求め、人に責《もと》めず」とあります。戦《いくさ》上手な人は兵全体の勢いを最優先に考えるものであり、個々の兵士の能力や働きをいちいちあげつらったりしない、と言っているのですが、細かいことばかりに拘泥して思い悩むような暗い上司の下では、部下に元気（勢い）が出るわけがありません。

また、上司が暗いと部下は話しかけるのが億劫《おっくう》になります。その結果、コミュニケーション不足に陥ります。

こんな上司には、こちらから挨拶をしましょう。相手が挨拶しなくても、あるいはボソボソと小さい声でしか挨拶をしなくても、こちらは明るく大きな声を出しましょう。上司もそういう挨拶をされると心のなかでは「まずい」と感じるものです。

余談ですが、暗い人は往々にして声のキーが低いことが多く、逆に、よく笑う人はキーが高いそうです。「微笑《ほほえ》みながら低い声は出せない」とある専門家から聞いたことがあります。あなたも一度自分でやってみてください。

いばる上司

いつの世もどこの世界にも、いばる上司はいます。

本来、上司も部下も同じ人間であって、会社でやっている仕事の種類が違うだけです。しかし、いばる上司は、上役であることと「オレは人間として偉いのだ」という誤った自覚とをイコールにしてしまうのです。よく「あの人は偉くなった」と言いますが、それは、「あの人は出世した」という意味であって、人間的に偉いわけではありません。出世をしていなくても、人間性に優れていて他人から尊敬されている人はいくらでもいます。そのあたりを混同している上司には、部下はついて行きたいとは思わないでしょう。

立派な社長さんや幹部は、タクシーに乗っても運転手にそれなりの敬意を払い、運転手もそんな方々をさすがだと思うそうです。一方、いばる上司はタクシーに乗っても横柄な口のききかたをしているのです。

また、飛行機のなかでフライトアテンダントに偉そうにしている人もいます。「ビジネスクラスにそんな人が多い」と航空会社の人から聞いたことがあります。それなりの経営者や幹部クラスが搭乗するファーストクラスには、サービスに対して素直に「ありがとう」と言える人間が多い。エコノミークラスの乗客には、当然ながら「偉そうな」人は少ない。その中間のビジネスクラスに、「いばる上司」タイプの人間が出没するのです。

会社の肩書きだけでいばる上司には、あなたの心のなかで「おろかな奴だ」と哀れんでいればよろしい。会社から自宅に帰っても偉そうにできているのか、それとも会社のなかだけなのかと想像してみてください。会社でいばっているのは、家で尻に敷かれている反動かもしれません。

怒りっぽい上司

いつも部下に向かって怒鳴っている上司が、あなたの周りにもいるでしょう。「売り上げが伸びない」「報告が遅い」などと言って周りに当たり散らす。そんな上司は、概して実力があって自信家の場合が多いと思います（なかには、自分は仕事ができないにもかかわらず部下に怒鳴り散らしている人もいるかもしれませんが、こちらは最悪です）。

ただ、自分の部下に怒るのと同様に、その一つ上の上司に対してもガツンとものが言えるのであれば格好がよいのですが、そんな上司は稀《まれ》です。

打たれやすい部下や口答えをしない部下に対してのみ、やたらと怒鳴り散らす。こんな上司には、最初の対応が肝心です。訳も分からずに怒鳴られたら、理由を聞きましょう。相手がトンチンカンなことを言っているのなら、反発すればよろしい。子どもに物事を教える場合と同じで、最初にノーと言っておけば、次からはブレーキがかかります。しかし、「怒鳴られたけど、まあいいか」と妥協してしまうと、相手はその妥協に甘えて、この先もどんどん怒鳴り散らしてくるでしょう。

また、あなた自身ではなく、あなたの部下がその上司に怒られている場面に遭遇したなら、あなたは自分の部下を守る必要があります。怒られている理由を聞いて、あなたが責任を持って部下に理解させると上司に言うべきです。仮に、その上司の怒りの砲火が、あなたの部下からあなた自身に向けられても逃げてはいけません。

怒りっぽい上司には部下が近寄っていかないので情報が入ってこなくなり、結局は、自分が損をすることになります。怒られたこと自体を気にせず、言われた内容が的を射ているかどうかを冷静に判断して、反省すべきは反省することです。

人をバカにする上司

自分だけが偉いとか自分の能力が優れていると思い込んで、部下をバカにしたり、同僚を見下げたりする人がいます。

人をバカにする理由は優越感に浸りたいからです。このタイプの人間は、内心で自分と他人をつねに比較しています。自分のほうが他人より優れていると思えば優越感を持ち、他人を見下げるのですが、反対に、他人が自分より優れていると判断した場合は、普通の人以上に萎縮《いしゅく》してしまう。すなわち、優越感が強いのと同時に劣等感も強いのです。したがって、この手の上司は自分より経験不足の若い部下をバカにする一方で、経験者である自分の上司にはきわめて弱いものです。

優越感と劣等感の同居は、外国人に接する態度にも表れます。たとえば、アジアの国の人に対しては強気な態度を取れるのに、欧米人にはめっぽう弱い——という、あまりにも典型的な例を思い起こせば、お分かりでしょう。

バカにされればだれしもムッとします。したがって、人をバカにするような上司には人望がなく、当然、部下はついてきません。これもまた、結局はその人自身が損をすることとなります。

これはサラリーマン社会の問題と言うよりも、人としての生き方の問題です。こんな上司は、かわいそうな人だと思って反面教師として見ておけばよいのです。

私は三〇年間のサラリーマン人生で、いろんな「反面教師」に出会いました。自分がまだ社会人になって間もないころ、上司との関係で結構悩んでいたのですが、そのころに出会った他社の社長に「君は恵まれない上司に恵まれている。そこから学べ」と教えられたことがあります。その言葉を聞いてからは、人間関係においても多少のことではへこたれなくなりました。人をバカにする上司に対しても、「恵まれない上司に恵まれた」と考えて割り切るしかありません。

いい格好をする上司

たとえば、自分の子どもが有名校に行っていることを自慢するような上司は、少々格好悪いですね。あるいは、仕事の手柄を部下にひけらかす上司もどうかと思います。実力があって仕事もできるのは分かっているのだから、自分から言わなければ格好いいのに……と思わざるをえません。

また、自分の失敗談をするのは格好悪いと思っている上司はたくさんいるのですが、部下から見るとどうでしょう。だれでも失敗はするし、いまから思えば赤面してしまうような失敗談は、人間、だれでも持っているものです。

会社単位で考えても、失敗したことのない会社などはありえないのです。どんな優良企業でも過去になんらかの失敗は経験しているし、大なり小なり、悩みも抱えています。失敗を糧《かて》として次につなげる会社が優秀なのであって、失敗を直視しないでそれにフタをするような会社は伸びないだけです。

話を戻しましょう。上司たるもの、本来は、いい仕事をしたときにベラベラと自慢するべきではありません。だれかにそのことを聞かれたら「いい部下を持っていますから」と言って部下への感謝の意を表しておくような上司が、格好いいのです。また、成功談よりもむしろ失敗談をするほうが、部下から上司に対しての距離感がグッと近づくものです。

上司と飲む機会などがあれば、まずは自分の失敗談を持ち出して、そこから上司の失敗談を引き出してみましょう。そして、飾らずに失敗談をしてくれるような姿勢が部下にとって親しみが持てますよ——とアピールしておくのです。

もしあなた自身にも「いい格好」をする傾向があるのなら、改めましょう。若いうちなら、すぐに直ります。かく言う私も若いころにはそれに気づかず、なかなか失敗談ができませんでしたが、いまはもっぱら失敗談ばかりのオジサンです。

自己中心の上司

自己中心主義の上司は非常にやっかいです。

自分が世界の中心にいて、自分のために世界は回っていると思い込んでいます。部下も自分のためにいると勘違いしています。部下には「自分が欲することを予期してほしい」と求めるのに、自分は部下がなにを欲しているかをまったく考えません。また、部下が困っていても、なぜ悩んでいるかには無頓着なのです。

また、悪いのはお前、正しいのは自分と考えます。自分の理解能力がないのに、部下の説明能力がないと言います。あるいは、自分の説明能力が不足しているのに、部下の理解能力が不足していると考えます。部下には「大至急やれ」と命じるのに、部下から「至急お願いします」と言われるのを嫌がります。

これだけ自分中心に考えるのだから、責任も自分が取るべきであると理解していてもよさそうなのですが、ここに関してだけは残念ながら違うのです。うまくいったのは自分の手柄であって、失敗したのは部下のせい。残念ながら、自己中心上司の頭のなかには、自分の失敗という認識が存在していません。

もっとも、自己中心の上司もたくさんいますが、自己中心の部下も、それに負けないくらいたくさんいます。そして最近では、甘やかされた子どもが若い社員（自己中心の部下）となり、そのまま上司となってしまうケースも散見されます。

昔はオヤジが怖いだとか、学校の先生にこっぴどく叱《しか》られたとか、子どもはなんらかの形で鍛えられたものです。いまは、（体育会出身者など少数の例外はありますが）他人に怒られた体験がないという社員が珍しくありません。実際のところ、「最近の若い人は、バランス感覚は昔よりはるかに向上しているけれど、その反面、打たれ弱い」と複数の会社の人事担当者から聞きます。入社後に会社がきちんと教育をすればまだしも、忙しさにかまけて、鍛えられずにそのまま上司になってしまうことが不幸の始まりなのかもしれません。

自己中心主義の上司は、正直、なかなか対処が大変です。反面教師として学ぶことは必要ですが、戦う必要がある場面も出てくるでしょう。戦い方は、あとの章に譲ります。

ワガママな上司

幼い子どものワガママは仕方がないとしても、いい大人のワガママはいただけません。

通常、人間は歳をとるだけでも自然とワガママになるのですが、役職や肩書きが、それをさらに加速させます。役職が上がれば上がるほど机が大きくなる、という光景を多くの会社で見かけますが、本来であれば、作業量の多い若手社員の机のほうを大きくするべきでは――そう思うのは私だけでしょうか。

また、運転手付きの社有車や様々な特別待遇が上司のワガママを助長します。加えて、ものを言えない部下が上司に過度な遠慮をしたり、取り巻きたちが盲目的にゴマスリをしたりすると、ワガママは決定的になります。

その一方で、役職が上がっても謙虚さを失わない実力者も大勢います。中高年になると、それらの人たちとワガママ人間との差が大きく開いてきます。「中高年の二極化」と私は呼んでいます。

ピラミッド型会社組織の底辺が大きいように、若いうちは同期や年代の近い世代の間ではいろんな意味であまり差が出ません。能力も役職もそうです。ところが、ピラミッドの上にいくほど幅が狭くなるので、出世街道を走る人たちとラインから外れる人たちに大きく分かれて役職的な差が出ます。それと同様に、ワガママであるか謙虚であるかも、歳を重ねるごとに差が開いてくるものです。

社員全員が謙虚な人であるはずがなく、それを期待しても仕方ありません。「多少のワガママは、仕方がない」と心得ることです。ただし、会社の運営に悪影響が出るほどのワガママであれば、場合によっては、戦うことも必要になります。

第三章　ダメ上司の典型

聞いても理解できない上司

部下の説明を聞きはするが、それが頭に入っていない上司がいます。一言で言うと理解能力が低い人です。

私は、理解能力と説明能力が欠落している人を「頭が悪い」と位置付けています。学校時代は主にテストの成績で頭が良いとか悪いとか判断されますが、多くの会社で広く使われている「頭が悪い」とは、仕事能力が低いということでしょう。私は、狭義に理解能力と説明能力があるかないかでそう呼びます。

なかでも理解能力が問題です。報告や提案を説明しても、それを上司が理解しないのであれば仕事は進みません。

ただし、理解能力が皆無、などという人はほとんどいないはずで、説明を聞いているのに理解できないのは、多くの場合、ちゃんと聞いていないためです。要するに、集中力の問題なのです。別件が頭にあってウワの空で聞いていれば、説明が頭に入ってきません。

もし、あなたの説明が終わる前に上司がまったく質問や確認をしてこないのであれば、まともに聞いていなかった可能性が高いと考えてみることです。次回は、上司がその案件を理解していることを確認しながら会話をしてください。

次に、記憶力です。部下は、基本的なことはすでに上司が了解済みだと思い込んでいるため、そこを省略して、新しい要素や状況の変化を中心に説明します。ところが、上司は前に受けた説明を忘れているので、部下の説明にまったくついて行けません。これでは、いくら熱心に説明したところで無意味です。

理解能力が低い上司を持ったら、不運と思うしかありません。むしろ、自分の説明能力と確認作業能力を向上させるよい機会だ、というように発想を転換しましょう。

まずは、説明の前にしっかり準備をすることです。

- 説明したい要点は、絞り込まれているか。
- 要点は、分かりやすく表現されているか。
- 結論、およびそこに至った理由は明確か。自分の意見は添えられているか。
- 説明の順番は決まっているか（時系列か、それとも、結論からさかのぼっての説明か）。

次に、説明をスタートしたら次のことに注意します。

- 相手が集中して聞いているかどうかを確認する。相手からのアイコンタクト、相づち、うなずきなどがあるかどうかで、かなり分かるものです。メモを取っていたり、いくつか質問をしてくるのであれば、ちゃんと聞いてくれていると思っていいでしょう。
- あわてて次の説明に移るのではなく、区切りでは「ここまでよろしいでしょうか」と確認をして、相手に質問の機会を与える。機関銃のように説明を続けると、聞いている人は眠くなります。一方的ではなく、相手にも発言をさせる双方向の説明が大切なのです。これは、部下に対しても客先に対しても同様です。
- 相手からピンボケの質問が出て、話が別のところへ行ってしまっても、話を元に戻す。「話を本論に戻しますが」とあえて言って流れを切ることが大切です。
- 説明の最後を簡単な要約で締めくくる。

ちなみにこういう上司に説明するときに嫌味を加えても無駄です。敏感に理解できず、かえって混乱させるだけです。

説明ができない上司

部下への説明は大切だと分かっていても、うまく伝えることができない上司がいます。指示を断片的に出すだけで目的をきちんと説明しない、問題点の整理ができていない、順番に説明できない……。こういう上司はダラダラと話をするため要約しようと思っても何も残らず、議事録の作りようがありません。

前項で述べたような説明能力向上のためのテクニックは、部下だけでなく、上司にとっても必要なことなのです。

このような場合、部下は「傾聴」することによって上司から話を円滑に聞き出す必要があります。傾聴とは、相手の説明を真剣に聞くことです。聞き手が真面目に話を聞こうとする姿勢でいるのか、それとも、ちゃんと聞いているのかどうか疑わしい態度なのか。話している人から見て、その差は分かるものです。

先ほどあげた事項と重複しますが、上司に「傾聴しているな」と思わせるためには、聞き手として、次のような姿勢をとる必要があります。

- アイコンタクト。人の話をしっかり聞いているときには、普通は相手の目を見るものです。ずっと見つめているかどうかは別にして、必ず、なんらかのアイコンタクトが発生するはずです。話の面白い人やプレゼン上手には、聞き手が自然にアイコンタクトをしています。
- うなずく。話の内容にウンウンとうなずきます。一対一の会話でもそうですが、アイコンタクトと同様、一人の話し手が複数の聞き手に話す場合にも、この姿勢が現れます。
- 相づちを打つ。「なるほど」「そうですね」「確かに」などと話し手の説明に相づちを打ちます。
- オウム返し。話し手のキーワードを聞き手が繰り返します。「契約直後ですか」「担当は○○さんですね」など。
- 要約する。「結局、当社のミスですね」「つまり、最初から間違っていたのですね」など、語り手の話を聞き手が要約します。要約してあげることによって、自分がしっかり話を聞いていることが相手に伝わるはずです。

●メモを取る。メモを取る姿勢は話し手に安心感を与えます。余談ですが、「上司から叱られているときにメモを取ると叱られる時間が短くなる」と言う人もいます。ある会社の経営者は、激しく部下を叱咤《しった》するので有名なのですが、そこの社員はほぼ全員と言ってよいほどメモを取ります。

●質問をする。聞き手がまともな質問をできるのは、話をちゃんと聞いている証拠です。

なお、「説明ができない上司」は、部下に対してだけでなく、外部の人に対しても同様です。たとえば、業界用語を多用する。このタイプは、自分の業界のことしか考えていないか、他人に対する思いやりが欠けているのです。業界用語を使うことで自分になにか特別な知識があると思われたいのかもしれませんが、これこそ他人から「頭が悪い」と思われてしまう典型です。

また、難しいことを易しく説明できないタイプも迷惑です。優秀な人——たとえば、腕のいい弁護士や公認会計士は、専門分野を素人に分かりやすく説明することができるものです。まったく違う分野の人に現場の専門性を説いても理解されるはずがありません。相手によって説明のレベルを変えるのは当然のことです。

説明を面倒くさがる上司

部下への説明が下手なだけであれば、部下からまめに会話をして必要なことを聞き出せばよいのですが、そもそも、部下への説明の重要性を分かっていない上司が多く、これが大きな問題なのです。

説明の重要性を分かっていない上司は、単に面倒くさがって説明しないケースが多いものです。仕事の指示をするだけではなく、その目的を説明してあげれば部下は自ら考えるようになり、仕事に工夫を凝らすようになり、また共通の目的を持つことによって仕事がうまくいったときの達成感も共有できるのですが、この種の上司には、そういった認識が欠けているわけです。

説明を面倒くさがる上司への対応としては、部下から積極的に上司に説明を求めることです。たまに説明をしてくれれば、「ご説明をうかがって、よく分かりました。次にやるべき作業が見えてきます」「また教えてください」といったように、説明に対する感謝の気持ちを表したほうがいいでしょう。

そして、輪をかけてひどいのは〝わざと説明しない上司〟ですが、これは次の「バカ上司」の章で詳述します。

知ったかぶりをする上司

自分が無知であることを悟られたくないため、部下や周りにものを聞けない上司がいます。要するに、知ったかぶりをする人です。異動してきたばかりのころは知らないことが多いわけですからそんなことはないでしょうが、その職場に長くいればいるほど、他人にものを聞くことが億劫になってしまうのです。

こういう上司は他人やその一つ上の上司の正しい発言を聞いたあと、それはすべて自分の発言主旨と同じであったと主張するものです。

どこの職場においても、知らないことを「知らない」と言えない人は損をするばかりです。なぜなら、知識が増えないからです。分からないことを言われると生返事をすることになり、後日必ず問題が生じます。そのうち「あの人は分かっていない」と言われるようになり、信頼されなくなってしまいます（もし、あなたが多少でも知ったかぶりをする傾向があるのなら、いまのうちに直しておきましょう。恥ずかしがらずに聞くようにする癖をつけ、「教えてください」「お手すきのときにご指導ください」「何度も聞いて申し訳ありませんが」をすんなり言えるように練習をすることです）。

知ったかぶりは性格の問題とも言えるので「イヤな上司」のカテゴリーではないか、と思われるかもしれませんが、部下がそんな上司のことを仕方がないと言ってあきらめてしまうと、自分にとっても損になります。物事を決定する場面はつねにやってくるわけで、そんなときに上司が「知らない」では話になりません。機会あるたびに「ご承知のとおり……」「繰り返しですが……」などと前置きをして、やんわりと教えてあげることです。面倒くさがらずに。

余談ですが、「なんでもすぐに聞く人」と「自分で一応調べてから聞く人」との違いはあります。後者がよいに決まっており、成長の観点から見て後日歴然とした差が出ます。

自分で調べることは遠回りのようですが、調べることによって「自分がいかに知らないか」ということを知り、また、調べる過程で新しい発見をすることにもつながります。

言い訳ばかりしている上司

「忙しい、忙しい」が口癖の上司はいただけません。

「忙しい」理由はなんでしょうか。大方、それは「忙しいからできない」という言い訳を前もってしているだけです。できない場合のことを考えて、事前にそれを正当化しているのです。

また、「忙しい」というフレーズは、イコール「抱えている仕事で手一杯なので、他の仕事を受けない」という意思表示でもあります。どんな仕事でも予期せぬことが毎日のように発生するものですが、なんであっても即刻対応しなければなりません。「忙しいからできない」というのは、少なくとも真っ当な上司の言うことではありません。また、自分の部署が対応すべきなのか他の部署が対応するべきなのか、区別がつきにくい新規案件が出てくることもあります。そういうときに「忙しいから自分は判断しません」と言うのでは、最初から責任放棄です。

「忙しい」と口にするのは、自分は時間管理ができていないということを周りに言いふらしているのと同じであって、非常にみっともないことなのです。

これとよく似ているのが、「難しい」を連発する上司です。「難しいから、失敗してもおかしくない」という言い訳の先回りです。また、「難しいから、正面からは取り組まない」という逃げにも使えますし、「難しいから、いまは判断をしない」という意思決定先送りの理由にも使われます。いずれにしろ、みっともないだけです。

「はず」「はずだった」「と思い込んでいた」という上司のフレーズも、表現を変えた言い訳にすぎません。「部下には説明しておいたので、理解しているはずです」「業者は昨日納入しているはずでした」「もう完成していると思い込んでいました」……いずれも、自分が行うべき確認作業を怠ったということと同義です。それなのに、遠回しな言い訳で責任回避を図ろうとするのですから、みっともないことこのうえもありません。

言い訳オンパレードの上司に対しては、解決策を部下が用意することです。部下のほうから、締め切りを含めた時間設定を上司に申し出ることが必要です。また、新規案件の話が聞こえてきたら、上司に判断を任せず、自ら進んで手を挙げましょう。

自分の立場を理解していない上司

上司には、会社方針に基づいて部署の目的を明確にし、部署内に発信し、目的達成のための手段を実行することが求められています。また時間軸を考えて、仕事の優先順位を決定する必要があります。自分の部署でなにを優先し、なにを後回しにするのか。

しかし、本来しなければいけないことを行わず、細かいことに無駄な時間をかけたり、部下の仕事に余計な口出しをしたりする上司がいます。こういうタイプは、そもそも上司たる自分の仕事を認識していないのです。会社が自分に期待している役割とはどういうものであるのか分かっていないし、また、部下が上司になにを期待しているのかも分かっていません。

この種の上司に対して部下ができることは、機会があるたびに部署の方針をその上司と確認することです。もし、確固たる方針がないのであれば、会社方針に照らしてそれを作成することを申し出るべきです。「部署方針が必要です」とただ言うのではなく、素案を部下が用意したうえで議論することです。

次に、部署計画に基づいて、部下が上司になにを期待しているのかを上司にインプットすべきです。部署内の業務分担の下書きをして、上司のすべきことを明確にするのです。言い出しづらいかもしれませんが、「あのお客様は格式が高いので、課長が対応されることでご了解ください」「こちらのお客様は担当で対応します」などといったように、やるべきこと、やらなくてもいいことをしっかり確認させるのです。「自分の立場を理解していない上司」に対して、あまりたくさんのことをインプットするのは部下として不安でしょうが、黙っていると部下の仕事に余計な口を挟んでくる可能性があります。「適量の仕事」を上司に与えることが大切なのです。

経験主義の上司

いつも昔の話をする上司がいますね。「オレが担当者だったころは」「前にこんなことがあった」などと。

いろいろな経験を積んでいることや、それらをしっかりと記憶しているのは立派なことですから、部下としても素直に参考にすべきです。

ただし、すべての判断を過去の経験に基づいて行っているのであれば異議ありです。なぜなら、過去は経験できるが、未来は経験できないからです。かたくなな経験主義者は、経験したことのない将来の課題については必ずしも正しい判断ができません（過去に非常に類似した案件があれば、ある程度正しい判断が可能かもしれませんが）。

経験主義者とは、ある仕事に長く従事して、それなりの実績を上げた自信家でもあります。しかし、それ以外のことを勉強していない場合が往々にしてあります。たとえば、他商品の市場動向、他社動向などの分析に無頓着であったり。

部下はこのような上司に対して、いろいろな場合を想定して、今後の状況変化の予測を嫌がらずに説明すべきです。もちろん、過去の経緯や経験をその上司から持ち出されて一蹴されるかもしれません。しかし、そのような場合でも、公表されている将来予測で数値的なものがあれば、説得力はぐんと増します。業界紙や新聞の記事なども説得力を高めます。できるかぎり客観的な判断基準をたくさん揃えて説得することです。

軸ぶれする上司

軸がぶれる上司は、部下にとっては非常に難物です。

方針をコロコロ変え、つい先日の議論や会議で確認したことがどこかに飛んでしまいます。その日の気分でものを考える性格なのか、もしくは、前のことを忘れているだけかもしれません。また、自らの判断に自信がないので、いったん決めたことでも、さらに上の上司や同僚から別の意見をされるとフラフラと揺れ動きます。

基本的な解決策にはなりませんが、上司が気変わりする前に、さっさと行動に移してしまうことが一案です。

しかし、部下が行動に移す前にその上司の軸がぶれたら、議論するしかありません。部下としては、まず理由や目的を明確にする必要があります。なぜ前の議論でその結論に達したかを整理して説明するのです。会議の際の自分のメモを見ながら（見せながら）説明するとより効果的です。もし方針を変えるのなら部署全体が認めること、すなわちコンセンサスが必要であることも伝えます。

さらに、事が起こってから軸ぶれする上司はより大変です。やるという方針を部署内で確認したあとに「それはやれとは言っていない」「なんでやったのだ」などと言い出す。人を二階に上げておいてハシゴを外すことになりかねません。

このように軸ぶれが常態化している上司であれば、より練った対策が必要です。「前にも申し上げましたが」「前にもご説明しましたが」と言っても知らん顔をするようであれば、まずは、会議で結論を再確認することです。また、決定事項を議事録にしておくことも大切です。会議で確認された事柄だけではなくて、上司からの単なる指示であっても、それを自分のノートに書き込んでおくべきでしょう。

明らかに上司の軸ぶれでハシゴを外されたら、遠慮しないで文句を言うべきです。「このようなことがまた起こるのであれば、私は絶対に怒りますからね」と言ってしまって構いません。ひどいのは上司なのですから。そのような言葉が少しでも先方の心にグサッと刺さり、その効果で軸ぶれが少なくなれば儲《もう》けものです。

名前や固有名詞を覚えない上司

「アレがアレだからアレだよな」「アレはソレだ」「だれだっけ、アノ人がアレを言っていたので、アレ頼む」……などと言う上司があなたの周りにもいるでしょう。人の名前や会社の名前を覚えられない。フラッシュ・メモリーではなくアン・フラッシュ・メモリーとでも言いましょうか（かく言う私も、アレソレと言っている自分に気づき恥ずかしくなることが多々あるのですが）。

そもそも忘れっぽい人なのでしょうが、覚えようという意欲にも乏しいのです。この手の上司は、仕事の流れやポイントは把握しているのですが、万事、大雑把《おおざっぱ》なところがあります。したがって、部下がフォローしてあげるしかありません。

何度も説明したのに、頭に残っていない。そんな上司もいます。「先日〇〇会議の前にご報告しましたが」「先日、だれだれさんとご一緒のときに申し上げましたが」などと丁寧に説明して、その上司の記憶をよみがえらせる手助けをしてあげましょう。なんでそこまでしなければならないのか、と思う気持ちはよく分かりますが、会社では相手に協力することも必要なのです。

部下は上司に対して説明責任があるので、少なくとも三回は説明すべきです。口頭の説明のみならず、メモや文書も活用するべきでしょう。しかし、三回説明してもまだ覚えていないのなら、「説明責任は三回果たしました。他社では聞く側の理解責任というものもある、と聞いています」と一発カマして構いません。

アン・フラッシュ・メモリーが、ある日突然奮起して名前や固有名詞を記憶し始めることはまずありません。私もたくさんの人を見てきましたが、いったん「アレ、ソレ」になったら、大半は退職するまでそのままです。あなたも将来「アレ、ソレ」にならないように、頭のなかを整理しておきましょう。日ごろから名前をきちんと覚えるように心がけること。それに、名刺やノートを整理しておくのも大事なことです。

分析力のない上司

問題がどこにあるのかを読めない上司がいます。現状や諸要因を考えて、なにが本当の問題かを深く掘り下げて追究することができない人です。

仕事ができる人にもこのタイプはいます。どちらかと言うとカンで仕事をしてきた人です。「なんとなくまずそうだ」「怒られるかもしれない」とは直感的に感じます。それでもなんとかやってきているのはある意味では立派ですが、物事の長所と短所をきちんと比較分析しているわけではないのです。

部下は、こんな上司に代わって、SWOT分析（強み＝Strength、弱み＝Weakness、機会＝Opportunity、脅威＝Threat）を行っていただきたいと思います。SWOT分析とは、方針策定や戦略構築の際に広く使われる手段です。その結果を踏まえて、自分たちのやりたいことを上司にアピールしましょう。数値の分析などを駆使して、強く議論することも大事です。自社の過去と現在の実績比較、現時点での実績と予算の比較、ある将来における予想などを議論に取り入れます。また、業界規模、業界における自社の位置付け、他社比較などをつねに用意しましょう。カンで動いている人には、数字がきわめて強い武器になります。

その分析が部署への貢献につながり、結果、上司にとっても役立つことをうまく説明すれば、それにノーとは言わないものです。要は、この上司の苦手分野を部下がフォローしてあげることです。

決断できない上司

「決断できない上司」は後述する「逃げる上司」「上ばかり見ている上司」と並んで〝困った上司三羽ガラス〟の一つです。

問題解決能力は、どの会社でも求められるスキルです。まずは、なにが問題なのか分析し、次に複数の解決策を導き出し、それぞれの長所・短所を勘案する必要があります。分析して、発案し、判断するプロセスです。それぞれの解決策の長所・短所を比較したあと、どの解決策を採用するかを決断します。

「こうすれば必ずああなる」と予測できればだれも苦労しないのですが、多くの場合、不確定要素を含んだ状況下で意思決定をする必要があります。それもいくつかの不確定要素が複雑に絡み合っているケースが多々あります。

こういうときにこそ、決断力が求められます。

決断を絶対に間違わないという会社はありません。理由は、先ほど述べたとおり、不確定要素が存在するからです。ある会社が下す決断がすべて正しければ、その会社の市場占有率はどんどん上がり、同業他社はとっくに潰れているでしょう。結局は、確率の問題なのです。五一パーセントの確率で正しい意思決定を続ける会社と四九パーセントの会社とでは、のちに大きな差が開きます。ある決断が「勇断」とか「英断」と評価される背景には、そのような現実があることを認識しておくべきでしょう。

ダメなのは「優柔不断」です。決断を恐れる上司です。

新規案件ならば、決めないかぎりは実行に移せず結果も出ないので、失敗はありません。ゆえに、新規案件をやるべきかどうかの議論の際に、失敗を恐れる上司は意思決定をしないのです。

また、クレームなどの問題に際して意思決定できなければ、決断を引き延ばしている間に問題がさらに大きくなることが往々にしてあります。クレームをきっぱりと解決できるという一〇〇パーセント正解の決断ではなくとも、すなわち、セカンドベストかサードベストであっても、決断をすれば事態を少しでも好転させることにつながる可能性は高いのです。その後、様子を見て、さらに意思決定をしていけば本当の解決につながります。

正解でもなく、セカンドベストやサードベストでもなく、仮に間違った意思決定をしたとしましょう。しかし、意思決定をした以上、なんらかの進展や結果が見えてきます。決断時の予想と現実が違っていれば、全速力で元に戻して、新たな意思決定をすればよろしい。つまり、問題の先送りは、間違った意思決定よりも悪いのです。

上司のなかには、自分で決めることをせずに、すぐにその一つ上の上司に決裁を仰ごうとする人がいます。問題を抱えて報告をしないよりはよっぽどマシなのですが、これはリスクを取りたくない典型的サラリーマン上司であり、古くからある言葉ですが「メッセンジャーボーイ」です。こんな上司ほど、自分の責任はどこにあって、どの案件を自分が判断しなければならないか分かっていないのです。

新しい案件を具申する場合は、自分から期限を切って、上司に決断を求めましょう。「今週中には、どちらにするか決めないと翌週の予定が組めません」「来週までに結論を出さないと新規の取引先を逃します」などといったように。

問題解決にあたっての意思決定を迫るときには、ズバリ「いま決めなければいけません」と言いましょう。ただし、「どうしましょう」「決めてください」ではダメです。「この問題にはこれでいきましょう」「A、B、Cと三つの解決策がありますが、私はAでいきたいと思います」などと自分の意思を伝え、その理由も明確に説明することです。

積極性がない上司

会社というものは、何事においても前向きに進むのが基本です。

永久に競争力を保持できる商品などはありません。長短は別にして、商品やサービスのライフサイクルがあるからです。

三代前の創始者がどんなに立派であっても、そのやり方をまったく変えずにいれば、その会社は確実に衰退します。競合他社が真似をしたり、工夫を加えたりするからです。また、ビジネスを取り巻く環境も日々変化していきます。

反対に、強い会社は、過去に甘えず、日々改善を繰り返しています。たとえばトヨタのトップが語った「トヨタの敵はトヨタだ」という言葉は、自らに甘んじることに警鐘を鳴らす強い言葉です。

このように、ビジネスにおいては積極性が自明のものとして求められているのにもかかわらず、前に進もうとしない上司がいます。

この上司は、会社の方針がどうであれ、自分はマイペースでよいと思い込んでいます。そして、部下がせっかくやる気になっているのに、意味なく否定します。とはいっても、論理的な否定はできないので、何年も前の経験談を論拠として持ち出したりするのです。「いまはそんなに手を広げなくてもいい。少しずつやろう」「こんなに急激な変化には、幹部がついていけないだろう」などといった調子です。

この種のマイペース上司は、自分が会社組織の一翼を担っているという自覚が欠落しているのです。だとすれば、部下の側からその自覚を植えつけてやる必要があります。

まずは具体案を提示して、率直に「前向きに進みましょう」と進言すべきです。「前向きに動くことが会社にどのようなよい結果をもたらすか」「いま、前に進まないとどのような弊害が会社として考えられるか」について理論武装をしてください。自分がそうしたいのではなく、会社としてそうする必要があるのだ、と強調するのです。

ウジウジしている上司

部下の提案を理解する能力はあっても、自分の上司や取引先に難しいことを説明できない上司がいます。上役や客先から否定されるのが怖くて、言い出せない。「君の言っていることはもっともだ。でも、分かるだろ。オレもサラリーマンだから言えないよ」などと情けないことを言う上司です。

例を一つあげましょう。部下が自分の上司を伴って、取引先数名と会食する舞台を設定しました。部下は「会食中に機を見て、○○を取引先の一番偉い人にお願いしてください。先方の担当者ともある程度の話はつけてありますから」と上司に事前に説明しています。ところが、イントロの世間話は終わったというのに、いつまでたっても肝心のことを上司は言い出しません。部下からの強い視線は頰に感じているものの、目を合わすことなく、本題を切り出せずに別の話をしてしまう。部下はなんとか本題を切り出してほしいので、話題を何度も引き戻して場面設定をするのですが、上司は連動してくれません。結局、大事なことが言えずに会食が終わってしまう……。

このタイプは、自分に自信がないのです。したがってその上司が正しい考えを述べた場合には、思いきりほめてあげましょう。「その考え方には大賛成です」「いいですね。私もすぐに行動します」などといったように。どうして部下が上司をほめなければならないのか、と首を傾げる人がいるかもしれませんが、上司であろうと人間です。ほめてもらって気を悪くする人はいません。

余談ですが、先ほどの例には続きがあります。会食後、部下に「悪い、言い出しにくくてね」と謝ってくるようなら、単なる情けない上司ですみます。ところが、このような場合に「あえて言わなかったのだ」と言って格好をつける人がいます。「あえて」とはそれなりの理由がなければならないのですが、実のところ、なにも理由が見当たらない。これでは情けないダメ上司を通り越して、完全なバカ上司です。行動力がゼロなのに、嘘《うそ》をついて自分を正当化している。USBです。

部下を叱れない上司

自分の実力に自信がない上司は、概して部下を叱れないものです。たとえば、特定の経験や知識が部下より劣っていれば、明らかに部下が間違えていると思っても、ものが言えません。

また、実力はそれなりに高くても、「怒ること」と「叱ること」の違いを知らない上司は、意外に多いものです。

「怒る」とは自分が腹立たしく思った結果の行為であり、一言で言うと、自分の感情の処理です。一方、「叱る」とは相手の教育のために指導をすることであって、自分の腹立たしさを解消するためではありません。したがって、「叱る」は冷静な行為であって、必ずしも大声をあげる必要はありません。そういう気持ちで「叱る」のであれば、この部下は大勢の前で注意をすべきか、それとも個人的に呼び出して注意を促《うなが》すべきか、といったことについても簡単に判断できるはずです。

最近は、多くの職場でパワーハラスメントが問題になっています。「怒る」と「叱る」の区別がつかない上司は、たぶんパワハラと「叱る」の区別もついていないはずです。

もっと情けない上司は、部下に対して声を出すこと自体を怖がっています。セクシャルハラスメントについても同様で、過剰な警戒心ゆえに、女性社員に対してまったくしゃべれなくなってしまいます。

部下を育成することや部下に指示を出すことは、上司の当たり前の仕事です。性格的に口数が少ない人でも、必要なことは言わなければなりません。部下とは、同じ目的を共有する大切な仲間である。そのことを認識していれば、パワハラやセクハラに対する過剰な意識など持たずにすむはずなのです。

叱れない上司を持ったら、たとえその上司の本来の能力が高くても、部下としては学べる機会を失います。したがって、「自分の経験が不足しているところや間違っているところは指導してほしい」と、こちらから言っておくべきです。個人面談を行うときや、一緒に飲みに行ったときがよい機会です。「自分は気がつくほうではないので言ってください」「経験が足りないのでなんでもどんどん指摘してください」といったように、積極的に背中を押してあげましょう。

話は脱線しますが、異動する後輩に対して、先輩が「新しい部署では、最初の三カ月はなにも言わずに黙っていろ」などと助言しているのを聞くことがあります。しかし私は、少なくともそれを若い人にあてはめるべきではないと思っています。できる上司ができる部下に助言する場合は、こんなことは決して言いません。「新しい部署で思いきりやってこい」で終わりです。たとえ新しい部署の事情に不慣れであっても、自分の意見があるなら「まだ状況をよく分かってはいませんが」「間違っているかもしれませんが」などの枕詞を付けて発言すればよいことです。

できない上司ほど、自分に失敗の経験があるから「下手なことを口に出さず、黙っていろ」などと助言するのです。

教育できない上司

同じ性能の機械と製造能力を持つ工場が二つあったとしましょう。一つの工場は、情報共有がうまくいっており、失敗から学ぶことができ、的確な判断を下せる人が多い。もう一つの工場は、その正反対である。だれしも、二つの工場の結果は容易に想像できるでしょう。なにが違うのかと言えば、人の能力です。人が情報を共有し、学び、判断する。これらの能力は、生まれつき備わっていたわけではありません。教育によって身についたものです。

飲食業や小売業などのサービス業を考えれば、もっと分かりやすいでしょう。「笑顔でお客様を迎える」という教育をされている従業員と、まったくそれを教育されていない従業員では、売り上げが大幅に変わってきます。

新入社員を毎年採用している会社で、学校を卒業したばかりの新人がすぐに戦力になると思っている会社は皆無です。学校で受けた教育が、そのままビジネスの現場で適用できるわけではありません。会社では、また新しい教育が必要となるのです。

優良企業は、教育に時間と金をかけます。彼らはその重要性を熟知しているからです。部下教育には、大きく分けてＯＪＴ（On the Job Training）とＯＦＦ　ＪＴ（Off the Job Training）があることはご承知のとおりです。ＯＪＴは現場で上司が部下に教えることですが、具体的にビジネスに直結しているために臨場感があり、教えられたことが鮮明に脳裏に焼きつきます。ただし、あくまで現場の状況に即した教育であるため、一から十まで順番どおりに教えてもらえるわけではありません。他方、ＯＦＦ　ＪＴは主に各種研修などのことですが、こちらは迫力には欠けるものの、基本から応用まで順を追って、丁寧に物事を教えることができます。

ところが、部下を教育することの重要性を頭では分かっているのに、そのやり方を知らない上司がたくさんいます。また、やり方がある程度分かっているのに実行しない上司もいます。教育のやり方を分かっていないのは、リーダーシップの勉強が不足していることが大きな理由です。

人を教育して結果が出るまでには時間がかかります。今日教えて、明日から売り上げや利益が上がるというわけにはいきません。教育の必要性が分かっていても行動しない上司は、短期的にしか物事を見ていないのです。長い時間軸で冷静に考えれば相当な効果は上がるはずなのに、短い時間軸しか想定していないため、それに気づかないのです。

部下としては、普段から、上司に指摘されたり教えられたりした際に、はっきりと感謝の気持ちを表明しておくことが大切です。そうすることによって、教育の必要性に無頓着な上司の意識を変えることができるかもしれません。「ありがとうございます。勉強になりました」と素直に言えるようになってほしいと思います。

なお、研修を軽んじている人は、即刻考え方を変えるべきです。会社は従業員に給料を払いながら、目の前の仕事で日銭を稼ぐことができる時間を犠牲にして、研修にあてていいるのです。もちろん、研修のための費用も発生します。言うまでもなく、会社は長期的観点に立って従業員育成のために研修をしているのであって、どんな研修が効果的であるのか、どんな成果を期待するのか、人事や研修担当部署が必死に考え抜いて準備をしているのです。繰り返しになりますが、順を追って丁寧に教えてくれる研修という機会には、それなりの価値があります。短い時間軸に基づく判断だけで研修を軽んじるような人は、「教育できない上司」と同じ過ちをおかしているのです。

権限委譲できない上司

上司としてやるべきことも満足にできないのに、部下のことにはいちいち口を出す人がいます。当然、部下としては頭にくる。気持ちはよく分かります。「オレだってバカじゃないから、やるべき仕事は分かっているのに」。そんな心境では、せっかくのやる気も減退してしまいます。あるいは、「オレはまだ上司から信頼されていないのか」というネガティブな印象を与えるケースもあり、これではいつまでたっても部下に自信がつきません。

また、部下に任せることの重要性は認識しつつも、それができていない上司も大勢います。なぜでしょう。

一つは、「まだ彼は経験不足だ」「彼はそこまでのレベルに達していない」と思い込んでいて、任せるタイミングを躊躇《ちゅうちょ》している場合。重要なのは、仕事を任せるタイミングです。本来なら、多少の心配はあっても、その仕事を安心して任せられると思える少し手前のレベルで、あえて任せてみるべきなのです。部下から見ると、完遂するにはいまよりもう少しがんばらないといけない、といった段階でしょうか。このタイミングなら、部下は育ちます。「任せたはいいけれど、うまくいかなかったらまずい」と考える上司もいるでしょうが、これは間違いです。

仕事を任せたといっても、責任を取るのは上司です。だから、部下にはつねに報告をさせて、上司が仕事の進展状況を把握しておくことが必要なのです。「これは君に任せた。ただし、報告はしてくれ」と、任せる際にきちんと言っておく。そうすれば、部下が違う方向へ進んでも軌道修正ができるはずなのです。

部下に任せることができないもう一つの理由は、「自分がやったほうが早い」と思っているからです。仕事に慣れている上司と不慣れな部下を比較すれば、その正確性やスピードについては上司が優れているのは当然でしょう。ただ、自分がやったほうが早いからというのであれば、いつまでたっても上司がその仕事をすることになります。「待つのも上司の仕事のうち」なのですから、部下にやらせてみて、正確に早くできるように側面から指導するのが上司の役割ではないでしょうか。

部下としては、任せられたあとも報告を小まめに行い、上司の不安を取り除くことが肝心です。そして、多少時間はかかっても、いい仕事をして自分への信頼度を高めること。まず仕事の精度を高め、次にスピードを上げ、そして、最終的に成果を出す。うまくやり遂げることができたら、次はさらにレベルの高い仕事を上司に求めていきましょう。

丸投げする上司

うってかわって、正反対のタイプです。仕事を、部下に丸投げしてしまう上司。これも困ったものです。自分が行うべき仕事内容を理解していないのか、あるいは、仕事の遂行能力自体が欠如しているのか。

仕事をやみくもに部下に押し付けることと、仕事を任せることとはまったく意味が違います。前者は、自分が理解していない仕事を部下にやらせる。後者は、自分が理解している仕事を部下にやらせてみる。前者は、責任が上司にあるのか部下にあるのか不明確ですが、後者では、責任は明確に上司にあります。

丸投げする上司（上司B）の多くは、彼の一つ上の上司（上司A）に自分なりの説明ができないため、部下の意見をそのまま伝えます。また、上司Aの意見もそのまま部下に伝えます。上司Aと部下の間にいる上司Bは、前に説明した「メッセンジャーボーイ」にすぎません。

普段はこれでもなんとか回るのですが、上司Aと部下の意見が一致しない場合、上司Bはどうするのでしょうか。十中八九、上司Aの意見を採用するはずです。「Aさんがこうおっしゃっていたから」と言って、部下の意見を斥《しりぞ》けるわけですが、それは、自分の上司を説得するより部下を説得するほうが易しいと考えるからです。

また、たとえ上司Aが真っ当な理由説明を上司Bにしていても、上司Bは仕事がまともに遂行できないような人ですから、部下にその理由をきちんと伝えられないケースがあります。したがって、部下は納得していない状態で結論を飲み込まざるをえなくなり、疑問と不安を抱いたまま働く羽目になってしまいます。

この手の上司で結構長い期間それなりにやっている人は、決して上の上司を裏切らないとか、どのようなことでもマメに報告をするとか、人間性が穏やかであるとか、なんらかの長所を備えているものです。

こういった場合の対策は、どうしたらいいのでしょう。もし、部下としてそういう立場に陥ったら、直接、上司Aとしっかり話し合うべきです。「案ずるより産むが易《やす》し」といいますが、意外に、上司Aも上司Bのことをしっかりと把握しているものです。

第四章　バカ上司の典型

「イヤな上司」「ダメ上司」は許せるが、「バカ上司」は許せない

ここまで、「イヤな上司」「ダメ上司」について論じてきました。どれもこれも困った人たちであり、それゆえ、部下としての対応策が必要になるということは、お読みいただいたとおりです。

しかし、「イヤな上司」も「ダメ上司」も最終的には許せる存在であり、また、部下も許してあげるだけの度量を持つべきだろうと私は考えます。

昔、アパレル関係の人から「シャツを売りたいなら、売りたい本命のシャツの横にだれも買おうと思わないようなダサいシャツを並べておけ」と言われたことがあります。売れ線の商品ばかりを並べてしまうと買う人が目移りして悩んでしまい、時間ばかりかかってしまう。でも、ダサい商品が隣にあれば、逆に売りたい商品が引き立つのだと。

なにも「イヤな上司」や「ダメ上司」を自分の引き立て役にしろ、と言っているわけではありません。ただ、周りができる人ばかりだと、それはそれで疲れてしまうでしょう。あるいは、ついつい周りと比較してしまうことで、自分が惨めになってしまうこともあり

ます。

いつの時代でもどこの国でも、完璧ではない人間同士が協力し、補完し合って、組織が成り立っています。国家、地域社会、軍隊、会社など、あらゆる組織がそうだろうと思います。ならば、性格的に問題がある「イヤな上司」や、能力に欠ける「ダメ上司」が会社にいるのは普通のことであって、いないほうがむしろ例外なのです。そして、そんな人たちと仕事をするからこそ、自分の仕事の進め方を考え工夫することにもつながります。ですから、長い目で見るならば、「イヤな上司」や「ダメ上司」とのめぐり合いには感謝すべきなのかもしれません。

しかし、ここから述べていく「バカ上司」は、まったく話が違います。なぜなら、彼らは組織に明らかなダメージを与えるからです。組織を守るためには排除すべき人たちであり、「仕方ない」ではすまされない存在です。

われわれも完璧な人間ではないのですから、「イヤな上司」「ダメ上司」になってしまう可能性は大いにあります。しかし、「バカ上司」にだけは、絶対になってはいけません。

そう肝に銘じつつ、以下の分析をお読みいただければ幸いです。

聞く耳を持たない上司

第三章で、聞いても理解できないダメ上司のことを説明しましたが、ここでは「部下の言うことを聞こうとしない」バカ上司について説明します。前者は能力の問題であり、後者は姿勢の問題です。

部下の言うことを聞こうとしない上司は、多くの場合、過剰なくらいの自信家です。聞いているような顔をしていても、部下の意見を受け入れようとする気持ちはまったくありません。柔軟性がないとか、頑固などという以前の問題です。

この人たちは、過去に輝かしい功績を持っているか、好業績を経験しているため、自分の過去の延長線上でしか物事を判断しません。そうでなければ、前に説明した自己中心主義の最たる人です。

また、「部下の意見など聞いても仕方がない」という間違った先入観を持っている人もいます。現場にもっとも近い場所にいて、汗をかいている部下の意見がたいへん貴重であることは言うまでもありません。しかし、この人たちは、若いころからずっと上司に言われたことだけを行動に移してきて、自分で考えることをせず、また自分の意見を言っても仕方がないのでしょう。「部下が意見を言っても仕方がない」と思って長い会社生活を送ってきた結果、自分が上司の立場になると、同じようなメンタリティを部下に投影してしまうのです。万一、あなたが「上司に意見を言っても仕方がない」と思って会社生活を送っているのなら、いまのうちにそれを改めてください。そうでないと、知らず知らずのうちに、このような上司になりかねないということを忘れないでいただきたいと思います。

いずれにしろ、部下の言うことを聞こうとしない上司は、理解責任を完全に放棄しています。会社においての自分の責務を果たしておらず、本人にそのような意識はなくても、会社に対する背信行為を働いていることになるのです。

このような上司を説得することは非常に難しいのですが、ずっと放置しておくこともできません。会社のために戦う場面が必要になることがあります。戦いの手段については第六章に譲ります。

説明しない上司

「説明ができない」上司については第三章で述べましたが、ここで取り上げるのは「説明しない」上司です。

この上司は、そもそも部下と情報共有することが大切とは思っていないのです。したがって、しなくてはならない説明をするのをよく忘れるし、忘れることが悪いとも思っていません。もしくは、タイムリーに情報提供できずに、あとから思い出したように部下に伝えることもあります。よそから仕入れてきた情報を部下が会議で発表したときに、「ウン、それなら聞いている」などと言う。まったくのバカ上司です。部下にしてみれば「せっかく苦労して情報を取ってきたのに。知っていたなら、なぜもっと前に教えてくれないのか」と憤慨したくなるのは当たり前です。

私は、上司こそ部下に報告をすべきと思っています。部下から上司に情報伝達をすることを報告と言いますが、上司から部下に情報伝達をすることはなんと言うのでしょう。説明でしょうか。報告は義務ですが、説明は任意でしかありません。部下は上司に情報共有の義務を負うが、上司は部下に対して負わないというのであれば、それはおかしいと思います。会社組織はピラミッド型なので、そもそも、情報は上に集まりやすいものです。情報をたくさん持っている人が少ない人へ伝達をするのは、しごく当たり前のことではないでしょうか。

上司が出席する会議であっても、部下に伝えるべき案件が必ずあるものです。たとえば、部長会議などに出席したら、次の部署会議では必要な案件が部下たちに伝えられなくてはなりません。そういったことがないのであれば、上司から部下への情報共有という概念がないのと同じです。

もっとひどいのは、「知っていてもわざと説明をしない」上司です。自分だけが知っていたい情報なので、作為的に部下に知らせない。情報を独占することによって自分のステータスとしたり、情報を小出しにすることによって上司としての立場を守ろうとする人です。これは情報の隠匿《いんとく》および説明責任の放棄であって、会社に対する明らかな背信行為にほかなりません。USBの典型です。

部下からすれば、まったくたまったものではありません。対処法としては、冷静にその都度説明を求めることしかありませんが、場合によっては、やはり戦う必要が生じてくるでしょう。

「情報共有がないとこうなる」実例

まだ私が若いころの話です。取引先へ行くと、いつもは担当者が対応してくれるのですが、珍しく先方の上司が出てきて「お茶に行こう」と誘われました。その方は、私の上司とはときどき話をしていましたが、私と直接話をすることはありませんでした。突然のお誘いに怪訝《けげん》な気持ちで付いていくと、「あなたの上司はいったいなにを考えているのか。絶対に彼に言わないから、本当のことを教えてほしい」と、ビジネスの内容についてズバリ聞かれたのです。

最初に聞かれた点については、自分の上司の説明不足ということが分かり、きちんと説明して理解を得ました。ところがそれでは収まらず、次から次へとこれまでの経緯について突っ込んできます。

最初の説明ができるということは、他のことも分かっているのだろう。そう思って先方は突っ込んできます。聞いているうちに、自分の上司がつじつまの合わないことをその場しのぎで説明していたことが分かってきました。「ヤバイ、これはヤバイ」と思い、手のひらには汗がじっとり。検事は取調べをする際に、犯人がどんなに断片的なことを不連続的に話しても、おかしな部分を突っ込んで否定しながら調書を作っていく——そんな話が脳裏をよぎったことを覚えています。説明できる部分は必死に説明しましたが、それ以外は「分かりません」と逃げまくり、ようやく解放されました。釈放されたという感じです。おそらく、駆け出しのサラリーマンが苦しまぎれに口にした「分かりません」の背景など、ベテランにとってはお見通しだったかもしれません。はっきりしているのは、取引先の上司が自分の上司を信頼していないという事実です。

帰社してから、このことを上司に報告するべきかどうか迷いました。ここできちんと説明しておかないと今後も同じことが起こるかもしれないという気持ちと、「君だけに話を聞いている」という取引先の上司の意向との板ばさみです。

いろんなことを考えた結果、そもそも自分の上司が取引先になにをどのように説明しているかを知らない、つまり情報共有がなされていないことが最大の問題であると思い至りました。もちろん、これは上司の責任です（ただ同時に、自分はその上司がかなり苦手だったこともあり、個人的好き嫌いに起因するコミュニケーション不足に陥っていました。そのことについては自らも反省した次第です）。

結局、「取引先の上司にお茶に誘われた。いくつか厳しい質問をもらった。ここはこう説明した、あとは分からないと申し上げた」と報告しました。それを聞いた上司は、心当たりがあるのか、「君に伝えていなかったことがたくさんあるんだ。これからは連絡を密にしよう。悪かった」と答えました。

情報共有の重要性を学んだのは、このときです。部下が上司に報告するのは当たり前ですが、上司が情報を独占してしまうということも大問題なのです。

権力主義の上司

このタイプの上司は、権力につねに追従します。社長や幹部の言うことに対して絶対にノーと言わず、盲目的に聞いてしまう人です。要するに、上ばかり見ている上司です。

とにかく、社長や幹部の考えが意思決定や方針決定においては絶対であると信じているので、自分の意見は持たず、また、部下の意見を自分の上司に伝える能力もありません。

「部下のA君がこれを提案していますが、いかがでしょう」

この質問に対して、幹部が仮に次のようなピンボケの答えをしたとします。

「A君は前に別件で失敗したことがあるな。まだ育っていないのではないか」

それを聞いたA君の上司（権力主義者）は、

「はい、まだまだ育っておりません。先ほどの提案は取り下げます」と言ってしまう。

しかしこの場合、なにも提案を取り下げる必要はないはずです。幹部はA君が成長しているかどうかを尋ねているだけで、提案自体の判断には至っていないのですから。ところがこの種の上司は、幹部がA君の成長に否定的な印象を持っていることを知った途端に、幹部に対して過度に迎合してしまうのです。

あとでA君は提案が通らなかった理由をその上司に尋ねますが、答えは「幹部がやらないとお決めになった」で終わりです（本当は、そんなことは「お決めになって」いないのですが）。これでは、部下としては納得がいきません。

このタイプの上司のなかには、「自分は社長や幹部と非常に親しい」と言いふらす人がいます。自分もそうだから、他人も権力者に近い人の言うことを聞くだろうと浅はかに思い込んでいるのです。

あるいは、「今日は、幹部のだれだれさんは機嫌がよい（悪い）」などと、すぐに口に出します。つねに上を観察していて、少しでも機嫌のよさそうなときに報告・相談に行こうと顔色をうかがっていることの証しにほかなりません。バードウオッチングならぬ、ボスウオッチングに勤《いそ》しんでいるわけです。

また、「このことを言ったら自分の上司はなんと言い、どう反応するか」といつも考えています。次をイメージしながら物事を進めること自体は悪くありません。目先のことだけではなく、二つ、三つ先の信号を見て行動するのはよいことです。ただし、権力主義者は、自分の上司のことに関しては先を読む努力を怠らないのですが、部下や客先のことに関しては、その種の努力をしようともしないのです。

もしそういうことが可能なら、あなたもバカ上司が慕っている幹部と親しくなってしまうことです。おそらく、バカ上司のあなたに対する態度が急に変わるはずです。

魔女狩りをする上司

問題が起きたときに「だれがやったのか」と犯人探しだけをする人がいます。部下が参加している会議の席上でそれをすることもあります。まるで、会議というより尋問です。これを私は「魔女狩り」と呼んでいます。

繰り返しになりますが、問題が起きた場合には、まず分析をして原因を追究することが大切な初動プロセスです。そのうえで解決策を複数出して、最終的にどれかに決めます。その問題を解決の方向に導きつつ、同じような問題が再発しないように対策を考えることこそが大切なのです。高い授業料を支払ってそれを糧とするのか、なにも学ばないのかは大きな違いです。進め方をもっと工夫できた、タイミングが遅かった、などといった反省点について真剣に考えることが重要なのであって、「だれがやったのか」を追及することが本題ではありません。

事前に部署内で許可を取らなかったなどの社内ルール違反をしていれば、それはそれとして問題です。しかし、計画に基づいて社内コンセンサスとなっていることを実行した場合、仮にそれが失敗しても、個人の責任に帰するべき問題ではありません。

うまくいかなかったことは、それを担当した本人が一番知っており、もっとも悔しい思いをしているはずです。ここは、その失敗を糧として「次こそ成功させるぞ」という前向きのモチベーションを喚起するべきところです。そんなときに魔女狩りをやるようでは、その部下のみならず部署全体が萎縮するばかりでしょう。

自分が失敗した当事者である場合は、失敗は失敗として潔く認め、「今後はここときに気をつけてやります」と謝ってしまうしかありません。また、自分の部下が失敗した場合は自分の責任として謝罪し、加えて、再発を防ぐ対策も説明する必要があります。もし同僚が魔女狩りにあっているときは、「それは部署内での合意事項に基づいて進められたことです」「それは反省点としてとらえて、今後の再発防止策を議論しましょう」といったように、あくまで正論に持っていくことです。

逃げる上司

第三章で「言い訳ばかりしている上司」について説明しました。繰り返しますが、そういう人は普段から逃げる準備をしています。「忙しい、忙しい」と言いながら「これは当方の専門ではない」「うちの部署がやる仕事ではない」「なぜあの部署がやらないのか」などと言って、他の部署に仕事を押し付けて逃げ回るのです。

しかし、それだけなら、まだマシな部類なのかもしれません。世の中には、「自分（の部署）が担当すべき仕事であるのは明らかなのに、できない理由を瞬時に思いついて、それを並べたてる上司」というものが存在します。往々にして、そういう人は正論を述べることに関しては天下一品で、理論家・論客でもあります。理論家・論客であるのは悪いことではありませんが、理屈はどうあれ、やってみなければ分からないという仕事もたくさんあります。新しい仕事への積極性が問われている場面では、まず、行動に移せるかどうかが大切なのです。むしろ、現実のビジネスにおいては、不確定要素を含んだうえで意思決定を下さなければならないケースのほうが多いはずです。あらかじめ結果が見通せていて、成功が約束されているような有望案件など、めったに存在しません。

また別のタイプになりますが、「新しい提案に対しては、なんでもかんでも最初は反対しておいて、最後に賛成する上司」もいます。たとえば、彼が反対していた案件を、会社が進めていたとしましょう。結果が失敗に終われば「オレは最初から反対していたんだ」

と言い訳し、逆に、うまくいきそうになったら、巧妙に態度を翻《ひるがえ》すのです。その際、最初に反対していたことには、一切、触れず語らずです。

以前に聞いた話ですが、ある上司は、稟議《りんぎ》書にハンコを斜めに押しておいて、失敗したら「だからオレは反対していたのだ。ハンコが曲がっているだろう」と言い放ったそうです。

さらに、「やるべき仕事の目標や手段を、わざと明確にしておかない上司」もこのカテゴリーでしょう。たとえば、評価用の個人目標を設定するときに、自分の仕事だけは抽象的な表現で目標設定するような人です。漠然とした表現にしておけば評価するのが難しく、本当の成果が出なくても目標を達成したと言い張れるのです。

こんな上司にはそもそも部下がついて行かないのですが、少しでも逃げ足を押さえておくためには、会議などでの細かな確認や、書面を活用した証拠作りが必要です。

責任を取らない上司

責任の所在は自分にあるにもかかわらず、それを自分の上司の責任にしたり、部下に押し付けたりする上司がいます。

リーダーシップを発揮している上司であれば、部下の手柄は部下の手柄とし、部下の失敗は自分の責任とします。これならば、部下は思いきり仕事をすることができます。しかし、その反対の「手柄は自分に、失敗の責任は部下に」という上司は最悪です。

この上司は土壇場で責任回避をするので、部下のハシゴをはずすことが往々にしてあります。部下にこれをやれと指示しておきながら、結果が悪いと思えば「なんでそんなことになったのか」「私は聞いていない」と平気で言う。前述した「軸ぶれする上司」をさらに悪質にしたタイプで、そもそも責任を取るつもりなどないのです。部下からすれば、なんとひどいやつだと頭にきて、やる気を失うでしょう。このような状態では、その部署が本来持っている力を発揮できるはずがありません。

このパターンの上司の多くは失敗を恐れる気持ちが非常に強く、前例のない新規案件にはチャレンジしません。結果責任を取りたくないからです。

うなぎを素手で捕らえようとしても、ヌルヌルして逃げられてしまいます。うなぎを入れるビク、もしくは箱が必要です。上司の責任を追及するにも素手では立ち向かえませんから、前項と同様、会議などの公の場所で確認したことを、きちんと書面で残しておくことが大切です。

自分の保身しか考えない上司

とにかく、自分の保身しか考えていない上司がいます。こういう上司は、往々にして会社の規則や自分に与えられた権限について妙に知識があります。したがって、決してルール違反はおかしません。また、リスクヘッジは上手なので、問題が生じた場合でも、一つ上の上司への報告はお手のものです。目上にはゴマをすり、部下にも「おべんちゃら」を言い、仕事上で言い争いをすることもない。ここまでは、まあ許せます。

しかし、このタイプは、とにかく現状維持が最優先。余計な挑戦は絶対にやりません。そして、多くのことについては、目一杯、様子見をします。

自分が挑戦をしないのですから、当然ながら、自分の部下にも挑戦をさせません。もし新しい試みが必要だと感じたとしても、「自分がいるときではなく、自分の後任者が来たときにやってもらいたい」と虫のいいことを考えているのです。

この上司にとってもっとも重要なのは、「クビにならないこと」です。そのために、自分なりに様々な〝工夫〟をしているわけです。最近は実力が問われる世の中になってきたとはいえ、まだまだ日本では年功序列制度が幅を利かせており、現状維持がモットーの自己保身上司であっても、結構いい給料をもらっています。そういう人たちは、自分がいま会社をクビになれば、他の会社で同程度の給料を取ることは不可能だということをよく分かっているのです。

仮に、「新しいことにチャレンジせよ」という社命が下ったとしても、それに協力している振りはするでしょうが、本腰を入れることはありません。なぜなら、現状維持と保身という自己の目的を社命より優先させるからです。

自分から攻撃を仕掛けることはなく、ひたすら防御のみに専心する。このような方針の部署は、伸びるはずがありません。

部下としては、規則を遵守《じゅんしゅ》し、報告をきちんと行うという基本は実行したうえで、新しいプランを粘り強く提案し続けるしかありません。普段は部下にいい顔をしている自己保身上司ですが、いったん部下の抵抗にあうと「君は遅刻が多い」「報告不足だ」などと関係ない部分で反撃をしてくる可能性があります。しかし、そこであきらめてはいけません。

新規案件に関しては、できれば、もう一つ上の上司に自分のやりたいことを理解してもらいましょう。うまくCC機能を利用してメールをしたり、書面の写しを渡したりすることです。

部下に仕事を与えない上司

第三章の「権限委譲できない上司」を、さらに悪質にしたタイプです。

いったい、なぜ部下に仕事を与えないのか。一つは、「自分がやりたい」という理由です。自分が気に入っている仕事なので、部下に任せない。しかし、好きなことだけをやるというのではプロではありません。好きな仕事も嫌いな仕事もこなすのは当たり前です。自分がやりたい仕事であろうがなかろうが、部下に任せられるものはどんどん振っていって、上司としての仕事に専念するべきなのです。そもそも、上司というのは人をマネージすることが重要な役割なのですから、部下を活用できないようではその資格はありません。

そして、さらにひどいＵＳＢ上司は、「仕事を部下に任せると、自分のやる仕事がなくなってしまう」と考えているのです。部下が自分のポジションを脅かすのでは……と疑心暗鬼に陥ってしまう。なぜそんなふうに考えるのかというと、要するに、自分が新しい仕事やより高度な仕事に取り組む自信がないからです。

当然ながら、こんな人物には上司たる資格がありません。部下が成長することは、人材＝会社の経営資源のレベルが向上することであり、それは会社にとって非常に有益なことです。部下の成長を望まない上司は、自分の子どもの成長を喜ばない親と同じなのです。

目標達成しか考えていない上司

欧米型の会社は、基本的に実力の世界です。年功序列制度ではないので、若い上司が自分より年上の部下を使っている場合がたくさんあります。年齢や入社年次とは関係なく、会社に対する貢献度が高ければどんどん昇進していくのです。欧米型の会社における「貢献度」とは、計画を立案し、実行し、数値目標を達成するということで、それをクリアした人が、実力を認められて幹部になるわけです。したがって、ここで言う「バカ上司」はきわめて少ないと言えます。

ただし、欧米型の上司は、実力はあっても「イヤな上司」である可能性は大いにあります。激情型の性格であったり、恐怖政治をしたり、ネチネチ型であったり。違いがあるとすれば、たとえ「イヤな上司」であっても、結果はちゃんと出します。出さないと降格されるかクビになるからであって、その地位に残っていることは、本人の性格はどうあれ、実力があるということです。

話は脱線しますが、欧米にもゴマスリは山ほどいます。むしろ、日本より多いかもしれません。自分を査定するボスに対してゴマをする姿は、会社環境がシビアであるだけに、日本人のゴマスリをはるかにしのぐ必死さがあります。欧米のビジネスマン数人がいると、だれがボスなのかは一目瞭然《いちもくりょうぜん》。彼らの視線は、つねに「評価をする人＝ボス」のほうを向いているからです。

話を戻しましょう。日本にも、目標達成だけにはうるさい上司がいます。部下を将棋の駒と考えており、優秀な人間は「飛車」「角」として大切にしますが、仕事のレベルの低い部下は「歩」以下と考えています。基本的に実行力は伴っているのですが、人使いが荒かったり、思いやりに欠けていたりで、人間関係が行き詰るケースが多々あります。最悪の場合には、耐え切れなくなった部下が会社を辞めてしまいます。

このタイプには、自分の部署の業績しか考えない人間が多い傾向があります。自分の部署の仕事に関してだけは会社や幹部の考え方を理解しているのですが、他部署への協力や全社的な貢献には興味を示しません。視野が狭いと言うべきでしょう。

いくら実行力があっても、このタイプは大幹部にはなれません。本当のリーダーシップを理解しておらず、部下からの人望もないからです。また、その人が全社への協力を惜しまず広い視野で仕事をしているかどうかは、会社の上層部には分かっているものです。

とりあえず部下としては、自分が担当させられた計画の目標はどんなことがあっても達成する必要があります。ことその点に関しては、この手の上司の求めているものは間違っていません。ただ、あなたが部下を使うときには、この上司を反面教師にして行動すべきなのは言うまでもありません。

「バカ上司」を作るゴマスリ部下

ヒラメは目が上についているので、上（上司）ばかり見ている人を〝ヒラメ〟と呼ぶことがあります。しかし、もっとひどいのは〝ワニ〟です。水面に出ている目でしっかり上を見ると同時に、水面下では大きな口を開け、鋭い歯をのぞかせています。つまり、上（上司）をしっかり警戒しながら、下（部下）を攻撃する。そんな困った二面性があるわけです。

もちろん、「上」がなにを考えているかを知っておくことは重要ではありますが、よいことも悪いことも十把《じっぱ》ひとからげにして幹部にすり寄ってしまう中間管理職をよく見かけるのは残念です。

盲目的ゴマスリ、これは大きな問題です。どこの職場にも、業務遂行能力は乏しいくせに、ゴマをすることにかけては天下一品の人物がいるものです。立て板に水のごとく、仕事のことからプライベートのことまで、ひたすら「上」にゴマをする。ゴルフや麻雀のときなどには、そんな能力が全開となります。よく観察すると、ゴマをする人間は自らのゴマスリ能力に自信を持っており、おっかなびっくりではゴマをすりません。笑顔で声高らかにゴマをすっているものです。

部下がゴマをすりたいがために上司の間違った部分まで認めてしまうと、ゴマをすられている上司が自分の間違いに気がつかず、誤解をしてしまいます。たとえ社長であろうとも、間違うことはあります。間違いに目をつぶってゴマをすり続けているようでは、幹部や社長はまさに「裸の王様」となってしまいます。

バカ上司であることも罪ですが、まともな人をバカ上司に仕立て上げてしまうゴマスリ部下は、まさに会社の害虫です。上司の間違いを黙認し、逆にほめているようでは、会社に対して背信行為を働いていることと同じです。

部下としてはつまらぬゴマスリはさっさとやめて、「言うべきことは言う」姿勢が必要です。会社のなかにはゴマスリで出世する人がいるかもしれませんが、全体的に見れば、本当の実力によって出世している人がほとんどです。そもそもあなたは、せっせとゴマをすってまで出世したいと思いますか。

「バカ上司」を製造するバカ社長

バカ上司を製造してしまうゴマスリ部下とは逆のベクトルで、社長がゴマスリ中間管理職を野放しにしているため、結果的にバカ上司を製造してしまうケースもあります。確かに、社長としては、自分に耳ざわりのよいことを言われれば悪い気はしないし、ゴマスリとは分かっていても、ガリガリ噛《か》み付いてくる部下よりもかわいいものです。しかし、これでは単にゴマをする中間管理職を増やしているだけであって、社長が結果的に裸の王様となるだけです。

特に、社長に権力が集中している中小企業やトップダウン型の会社では、知らぬ間に、バカ中間管理職を量産している可能性があります。ほとんどのことが社長の一声で決まるような会社では、社長を取り巻く幹部や中間管理職は、普段から物事を深く考えていません。ろくに考えずイエスとしか言わないので、議論も少なく進歩もありません。本来は、幹部、中間管理職、部下全員が一緒に知恵を出して会社に貢献する必要があるはずです。社長一人が考え付くことと、全員が知恵を絞って考え付くこととの間には、量的にも質的にも、雲泥の差があることは明らかでしょう。

社長を裸の王様にすることは会社への背信行為なので、直言の士は必要です。ただし、社長がゴマスリ上司を重用し、また、ほとんどの社員がゴマスリ合戦を競っているような状態になっているのであれば、あなたは転職を考えたほうが得策かもしれません。そんな経営者であれば、遅かれ早かれ会社の業績は下降するでしょうし、あなたが働くにふさわしい職場として存続していく可能性はきわめて低いと思います。

第五章　ひどい上司との付き合い方

さて、ここまで長々と上司について論じてきました。「イヤ」「ダメ」「バカ」、それぞれを厳密に分類するのは、実際には難しいことかもしれません。局面によって「イヤ」だったり「ダメ」だったり「バカ」だったり、といったような〝複合型〟が存在することも考えられます。いずれにしろ、上司のせいで悩んだり、仕事の能率が下がったりすることが少しでも低減するように、問題解決の第一歩である分析を行ったうえで、いくつかの対応策を述べてみた次第です。

本章では、いったん三つの分類を統合して、広い意味で「ひどい上司」とどのように付き合っていけばいいのか、説明していきたいと思います。

議論をするな、説得せよ

世の中、人とのお付き合いは非常に大切です。

たとえば、ご近所付き合い。「向こう三軒両隣」と言いますが、こういう付き合いでは、できるかぎり円満な関係を保つことが肝要です。ご近所とは冠婚葬祭や日常の声がけ程度でのお付き合いであって、毎日議論をする相手ではありません。

一方、会社内での付き合いは、ご近所付き合いと同じようなわけにはいきません。なのに、ご近所付き合いと同じように「円満が第一」と勘違いしている人もいますし、その場しのぎで対応したり、うまく泳ぐことだけを考えている人もいます。こういう考え方には決して賛成できません。

会社には、目的があります。まずは、従業員に給料を支払えるように利益を上げるという目的。それのみならず、株主や取引先や社会に貢献するという目的もあります。こういった目的を達成するために、会社はスケジュールを策定します。すなわち、「事業計画」とか「利益計画」と呼ばれるものです。目的を計画どおりに達成するためには、上司も部下も、言うべきことは言わなければなりません。上司とうまくやることが大切なのではなく、「上司と付き合いながらどうやって目標達成をして会社に貢献するか」が最重要事項なのです。

言いたいことを言う、という行為自体が目的なのではありません。意見交換をしたり、ときには言い合いをしたりすることは、単なる手段です。目標達成のために行動することの合意を取り付ける——それが目的なのです。

お互い、同じ結果を目指しているわけですから、効率的、かつ、なごやかな雰囲気のなかで仕事をしたいものです。たとえ相手がバカ上司でも、議論でやりこめるのではなく、全体の作業が円滑に進むように説得する。ここがポイントです。恥ずかしながら、私はこういう場合についストレートな表現をしてしまい、何度か失敗しました。たとえ合意を取り付けられても、お互いに「しこり」を残してしまったため、作業の途中段階で余計な波風を立ててしまうことが多かったのです。

仕事を進めるには忍耐も必要です。忍耐することを覚えれば、それは自分自身を高めることになります。自分を高めるということは、とりもなおさず、会社への貢献につながるのです。

自責と他責

自分自身を高めることが会社に貢献することであるならば、ここでぜひ知っておくべきことがあります。

とかく「取引先の担当者が悪いから自分の仕事がうまくいかない」とか、「仕事の環境が厳しいから売り上げ目標を達成できない」などと愚痴をこぼす人がたくさんいます。特別な意識もなく、ごく自然に出てくる言葉なのでしょう。しかし、これらは、うまくいかない理由を他に転嫁しています。他責を追及しているわけで、つまりは、言い訳をしていることと同じです。

そうではなくて、自分のどこが悪くて、自分になにが不足しているのかをよく考えてみる必要があります。すなわち、自責を知ることです。

多くの人たちは、自責と他責を区別せずに混同しています。新橋あたりの居酒屋での盛り上がりには、必ず自責と他責の混同があります。ひょっとすると、あなたの周りの飲み会にもあるのではないでしょうか。

人間は本来自分に優しく、他人に厳しいものです。自分が一番かわいいからです。したがって、ついつい自分にとって都合のいいように考えてしまいます。しかし、会社の人間がすべてそんなふうに考えていたら、収拾がつかなくなるでしょう。

問題解決に取り組む場合や会社改善に関する議論を行うときには、真の問題を把握することがまず必要です。なぜ現状がそうなっているかということを繰り返し自問し、議論する。その際に、自分や自分の会社以外の問題要因をすらすら列挙できても、自分の仲間や自分自身の問題要因はあげにくいものです。そうではなくて、他責も自責も両面から考える必要があります。

普段から、仕事を含めた多くの事柄について自責と他責を区別する習慣をつけておくと、言い訳めいた言葉が少なくなり、人から好感を持たれます。自分のできていないことを素直に相手に伝えるのですから、相手からは「非常に正直な人だ」との好印象を持たれ、信頼感が非常に高くなります。

逆に、自責と他責をいつも混同している人は、言い訳ばかりしている印象を与え、他人から信頼を得ることができません。

他人と厳しい議論をする場合は、自責は自責として認める覚悟が大切です。こちらがまず自責を認めることによって、相手からも自責を引き出すことができます。つまり、上司に自らの間違いを自覚してもらうためには、まずはこちらの自責を認めよ、ということです。これは、実際の戦いにおいて有効な方法なので、ぜひ覚えていてください。

上司の心情も知っておくべし

上司も人の子であって、自分の上司からも部下からも好かれたいと思っています。あるいは、信頼されたいとも思っています。

自分に与えられた仕事を達成したい、事業計画を達成したい。それもまた、当たり前の考えです。できるならば、「仕事のできる人間」になってみたいとだれもが願うのです。いや少なくとも、過去にはだれもが考えたことがあるはずです。

自らを「できる上司ではない」と思っている人は、あきらめているか、妥協しているのです。「まあいいか、そこまでしなくても」「仕方がない、間に合わなくても」「上は怒るだろうけど、仕方ないか」「人間、完璧なんてありえない、オレにもできないことだってある」などと言って、本来あるべき姿から離れていることをよしとしてしまう。前に説明した「分かるだろ。オレもサラリーマンだから言えないよ」というセリフは、「君だってできないこともあるだろう？　だから、オレが自分の上司に言い出せないことを分かってほしい」と妥協を求めているのです。このような上司は、部下にとっては情けない存在ですが、それでも、自分ができないということを自覚しているだけまだマシです。

やっかいなのは、実際はできる上司ではないのに、「自分はできる上司だ」と思い込んでいるパターンです。会社や部下としては、一日でも早く、その上司に自分の欠点に気づいてほしいと願っています。こんな上司でも、自分の実力を認識したうえで部下に仕事を任せたり、自分の得意分野に集中して部署に貢献していれば、まだ救いはあります。ところが、現実はそうはいきません。自分ができると思っているがゆえに細かく口を出したり、自分流を強要したりするので部下から総スカンを食らいます。

頭にくることは多々あるでしょう。しかし、どんな上司も人の子であるということは、頭の片隅にいつも置いておくように。それでは解決策になっていない、と思われるかもしれませんが、「どんな上司も人の子」と認識しておくのは、いずれ一戦を交える場合に役に立つことがあるのです。そのことを覚えておいてください。

上司がどこを見ているかを知れ

前にも説明したとおり、ゴマスリ型の人間は、部下のことは考えていなくても、自分の上司のことはつねに考えています。

正確に言うと、上司のことをつねに考えているというよりは、自分が上司に気に入られたいので、どんな形でもいいから期待に応えようとしているのです。要は、自分のことしか考えていないわけですが。

こういうタイプは、まず「自分の上司がなにを考えているか」「次になにをするか」「どんなことを質問してくるか」と考えて準備をしています。部下としては、上司のものの見方のベクトルを把握しておくべきだと思います。それが、いつの日か思わぬところで役に立つかもしれません。

なお、動機はともかく、相手の次の行動を予測するという習慣はよいことであり、われわれも見習うべきでしょう。たとえば、こんなふうに提案したら客先はどうリアクションするだろう、と前もって考えておくことは、説得力の向上や行動の迅速化につながるからです。

上司のよいところを見よ

上司の心得として、「部下のよい部分を見つけて活用する」があります。だれしも、得意分野と不得意分野があります。ダメなところばかりを見ていると、一人も使いものになりません。欠点だけを取り上げて「一事が万事だ」と決め付けるのはひど過ぎます。

これは部下に必要とされる心得でもあります。すなわち、「上司のよい部分を見つけて活用する」のです。上司は人の上に立つのですから、それなりのものが求められるのは当然と言えば当然ですが、人間である以上、不得意分野もあります。部下としても、欠点には目をつぶり、上司のよい面を前向きに評価するという姿勢が必要でしょう。

バカ上司であっても、「いったいどこがバカなのか」を冷静に見きわめる必要があります。部分バカは大勢いますが、全体バカは稀です。人の使い方、人事、人材開発などにおいて、一事が万事だという考え方はタブーです。過去の名経営者や名将は、それぞれの部下の優れたところを活かしてきたのです。そのなかには、本書で説明してきたダメ上司やバカ上司のような人も含まれていたかもしれません。

あなたにも、近い将来、部下ができます。そのときまでに、自分は非の打ち所がない上司となりえると断言できますか。そんなことは、まずありえないのです。

だから、人のよいところは、素直に認めるべきです。仲間との酒の席でも、自分の上司を完全否定する人と、よいところとそうでないところを区別できる人とでは、後者のほうが信頼感のある発言と聞こえるものです。

上司をほめよう

上司と部下が同じ仕事を連携して行う場合に、上司がレベルの高いパートを受け持ち、部下が易しいパートを担当することはよくあります。部下のパートがうまくいけば上司は「よくやった」と言ってくれるでしょうが、逆に、上司のパートがうまくいったときにはどうでしょう。案外、部下は上司に対して声をかけづらいものです。

しかし、そこは気を回すべきなのです。「自分のことで精一杯だから、上司にまで気を回していられない」と思われるかもしれませんが、別に難しいことを要求しているわけではありません。要は、いい結果が出たときには素直に言葉をかける、それでいいのです。上司の成功や成果に対して、一緒に喜びをシェアしましょう。「さすがです」「よかったですね」「参考にさせていただきます」などと声をかけたり、あるいは、「あの時点で○○さんと交渉されたのが効きましたね」などと、できるだけ具体的な部分を表現して、成功を語り合いましょう。

上司の成功を部下が喜ぶ。これは、同じ部署の一員としてたいへんよいことです。このことと、上司にゴマをすることはまったく違います。

また、上司や幹部のスピーチを聞く機会があって、それが本当によかったと思えば、あなたは素直に「よかったです」と伝えるべきです。できれば、なにがどのようによかったのか、具体的な感想を添えること。会社ですれ違ったときに伝えてもよいし、メールで伝えても構いません。

上司に相談した際、仕事の進め方についていい提案をしてもらった場合にも、「いいアイデアですね。ぜひ、○○までにやります」と、感謝の意を示しましょう。

繰り返しになりますが、上司も人間です。部下からであっても、ほめられればうれしいものなのです。

どうでもよいことは上司に従い、言うべきことは言え

ここに、横書きのＡ４サイズの書類が二枚あったとしましょう。一枚目はＡ４を縦に使った書類で、二枚目は横長の表を入れるためにA4を横に使った書類です。この二枚をホッチキス留めして、コピーを数部準備するとします。

ある人は、ファイリングが容易であるという理由で、二枚目を九〇度回して、同じ向きに合わせてホッチキス留めをします。読み手からすると、一枚目から二枚目にいくときに書類を九〇度回して読む必要があります。

別の人は、二枚目の右側が一枚目から飛び出す形でホッチキス留めをします。そして、飛び出している部分を折り込んで一枚目の下に入れます。この場合は、読み手のスムーズさを優先に考えているわけです。

前者はファイリングもしやすいし、紙としては同方向でホッチキス留めをするので、多量のコピーをするときにはコピー機を自動設定すればよいため、時間短縮となります。

後者は、読み手にとっては、二枚目にいくときに紙を九〇度回す必要がないので便利かもしれません。しかし、作成の際にはいちいち二枚目の一部を折り込む手間がかかり、また、ファイリングの際には折り込み部分が分厚くなってしまうという短所があります。

どちらがよいとは言えず、一長一短です。このような場合は、どうすればいいのでしょうか？

答えは簡単。上司が好きなほうに合わせればよいのです。どちらにしろ、書類に書かれた内容が変わるわけではありません。つまり、「どうでもよいこと」だからです。

ただし、「どうでもよいこと」と「譲ってはならないこと」の区別はしっかりつける必要があります。

自分の意見はつねに持つべき、とこれまでに説明してきました。そのなかでも、上司に合わせてよいものとそうでないものを区別してください。

もともと複数の正解があって、どちらを選択しても同じ結果が期待できるようなことであれば、無条件に上司の指示に従って問題ありません。しかし、自分の意見と上司の意見に方向性の違いがあるような場合には、「はい分かりました」と上司の選択をそのまま取り入れてしまってはいけません。ホッチキス留めのような些細《ささい》なことであればともかく、大事なことで意見が違うのなら、まずはそれを解決することが必要です。自分が理解していないことや納得していないことを「飲み込む」のはよくありません。

重要な局面で上司と意見が違ったら、あるいは、上司の意見をよく理解できなかったら、ただちに、あなたの考えを（根拠を明確にして）説明してください。そして、議論を十分尽くしたうえで、合意点を見つけてから行動に移ることです。しっかり議論すれば、だいたい、以下のどれかに落ち着きます。「上司が納得してあなたの案を採用する」「上司の意見にあなたが納得する」「話し合ったことによって、よい新案が生まれる」。いずれにせよ、議論の段階での意見の違いはどうであれ、最終的には方向性を一致させることが大事です。

どうでもよいことは上司に譲り、大事なことについては自分の意見をきちんと主張すること。仮にあなたの主張が通らなくても、上司と最後まですり合わせを行うこと。そして動き出したあとは、コンセンサスに基づいて一枚岩で行動することです。

上司がどうであれ、説明責任は果たす

小まめな報告を受けたり、相談されたりすることで不愉快になる上司は稀です。その反対に、報告が少ないために部下の受け持っている仕事の進展状況が分からないと、どんな上司でも不安になるものです。また、部下からの報告がなければ、上司は、その一つ上の上司に状況報告をすることもできません。

できの悪い上司に時間をかけていちいち説明するのは面倒くさい——仕事のできる部下ほどそう思いがちですが、これは考え違いです。部下には「上司に報告するという義務」があるからです。上司が正しく理解するかどうかは別にして、報告しなければルール違反です。理解してくれない上司に対しても、あなたが「報告という義務」をきちんと果たしていることは明確にしておく必要があります。

どんなにひどい上司であっても、部下がルール違反をしていい理由にはなりません。たとえば、あなたの仕事の進展状況をあなたと社長は知っているが、上司は知らない……というような中ヌキ状態をつくってはいけません。「言っても無駄だから報告しない」などということがまかり通れば、会社という組織は成立しないからです。会社は、トップから一番下までがラインになっており、すべての重要情報をライン全員が共有している必要があります。バカ上司に対しても、部下には説明責任があるのです。

あくまで礼儀正しく接する

後輩は、どんな先輩に対しても礼儀正しくあるべきです。毎日顔を合わせて同じ職場で仕事をしている先輩であっても、あるいは、ごくたまにしか顔を合わせない先輩であっても同じこと。人間として当たり前のことです。

上司が部下に対して偉そうにものを言ったり、素直に提案を聞かなかったりする場合の多くは、部下の態度やものの言いにこだわっているだけです。部下の人格否定を喜んでするとか、どんなよい提案であっても絶対に聞こうとしない上司など、きわめて稀な存在です。そうではなくて、「なんで若いお前に偉そうに言われなければならない」「経験者のオレを差し置いて、未熟者がなんで判断できるのか」「そんなことはいまさら言われなくても分かっている」などといった、部下に対する微妙な感情のささくれが、上司の言動に影響しているのです。この場合は、「上司と部下」というよりは「先輩と後輩」という関係性がもたらす感情と言うべきでしょう。

また、前述したように、人間というものは年をとるとある程度ワガママになるのです。それは仕方ないことであり、そんなものなのだと飲み込んであげる必要もあります。

私自身は得意ではなかったのですが、「私のような者が申し上げるのはどうかと思いますが」「私が言うのもおこがましいのですが」「生意気ですが」などの枕詞を付けて、上司に対してものを言う部下も世の中にはたくさんいます。

また、「あの人は気難しいから」と敬遠されているような上司を説得して、合意を取り付けてくる人がいますね。こういう〝説得の達人〟は、ゴマをすっているのではなく、要点を押さえて相手の心をくすぐるように説明する能力が高いのです。そして、先輩・後輩の礼を十分心得ていて、それを表現しています。身近にそういう人がいたら、説明のやり方や物事の進め方を学ぶようにしてください。

あなたが自分のアイデアや行動に自信を持つことは決して悪いことではありませんが、自分ではそう思っていなくても、相手からは「おごっている」と見えてしまうことがあります。それはすなわち、先輩に対する礼を失した態度と映るのです。

仕事がうまくいったときは、だれもがうれしいものです。周囲の人たちも一緒に喜んでくれるだろうと思うのは構いませんが、知らない間にしたり顔になってしまったり、ついつい調子に乗って自慢話をしたりすることは、控えなくてはいけません。サラリーマンの場合、仕事が成功したときでも、それが自分だけの手柄というケースはきわめて少ないものです。個人の努力だけでなく、会社のブランドのおかげであったり、過去からの積み重ねの結果であったり、仕事を進めるうえで許可を与えてくれた上司の協力の賜《たまもの》であったり。ですから、謙虚さを忘れてはいけません。

今後の日本は、欧米型の実力社会に変化していくと予想されます。したがって、先輩を自分の部下に持つ上司が増えるでしょう。先輩を使いこなすというのは、もの言い一つにしても難しいことです。よいところを引き立てながら、場面によっては、あなたが上司であることを示さなくてはいけません。

たとえば、「○○さんの客先との長いお付き合いのおかげで成約しましたね。ご苦労さまです」。これは、先輩の経験に敬意を表しつつ、最後は、上司が部下に対して使う言葉である「ご苦労さま」で締めるというサンプルです。先輩であり部下であり、という関係を反映した例と理解してください。同様の例に、「○○さんの指導のおかげで若い△△君が仕事を取ってきました。これからもご指導よろしくお願いします。内容はあとで報告いただけませんか」などもあります。

上司を教育せよ

上司を教育することは、部下を教育することより難しいのは当然です。しかし、できなくはありません。

なんといっても、基本はまず自分から話しかけることです。相手が分かってくれなくても、イヤな顔をされても、気にしないで報告をきちんとすることです。問題点や困っていることについては、細かく相談すべきです。

また、一つだけの結論を持っていかずに二者択一を迫ることも有効です。もしくは、A、B、C案という三択を用意しておいて、それぞれの特徴を説明します。いずれの場合も、「自分としてはこれをやりたい。その理由はこうです」と言えるようにしておく必要があります。

部下の意見を聞き入れず、すぐにノーと返事をする癖のある上司には「いますぐ結論は要りませんが、説明します。ご一考ください」と言って、その場であえてノーと言わせない方法もあります。そして数日置いて、「先日お願いした○○の件ですが」で始めてみることです。

話を聞かない上司やすぐにノーと言う上司に対しては、案件を会議のような公の場所に持ち込むのも有効な手段です。多くの人間の意見を聞かせることが、上司にものを考えさせるきっかけになります。また、部下が進める前向きな議論が上司を教育する場合もたくさんあります。徹底的に議論してメリットとデメリットを明確にすることは上司の意思決定を促進することにもつながります。

上司に向かって「本を読みなさい」などと言えば角《かど》が立ちますが、「偶然見つけた本にこんなことが書いてありました」と会議で発言してみるのもよいでしょう。

私の尊敬する昔の上司は、よく「それはやんわりとあの上司に教える」と口癖のように言っていました。「やんわりと」というキーワードがいまでも私の記憶に残っています。

会社に貢献する姿勢を見せよ

自分の立ち位置をはっきりさせましょう。

まずは、自分のために仕事をしているのか、会社のために仕事をしているのかを明確にすること。当然、会社のためです。会社の一員である以上、会社に貢献しないと社員として存在する意味がありません。

上司も、自分のためではなく会社のために仕事をしなければなりません。上司は会社のためを思い、部下が自分のことを思って意見がぶつかっているのであれば、当然、上司の主張が採られるべきです。

自分がどうのこうのではなくて、つねに主語を会社にすべきです。「自分はこの案件が好きなのでやりたい」ではなく「会社が成長するために〇〇が必要だ。そのために自分はこの案件を推進する」という考え方です。

発言の場ではなくても、「会社の〇〇のために」という枕詞を付けてみることで、自分の考えが正しいかどうか検証してみることです。「この提案を通したい（会社の利益のために）」「これは見送るべきだ（会社の将来のために）」「自分は言い出したくないが、（会社のためには）言うしかない」……それらが筋が通っているか、考えてみることをお勧めします。

あるいは、こんなふうに考えてみましょう。

会社と社長は、どちらが大切ですか。答えは、会社です。会社と社長は一緒ではありません。社長とはいっても、つねに正しい意思決定をし続ける人はいません。社長も人間であり、間違いはだれでもおかします。そんなときに、諫言《かんげん》できる部下は大切なのです。

なんでもかんでも会社のため、という考え方にあなたは抵抗を感じるかもしれません。しかし、会社は別の義務を負っています。株主、従業員、取引先というステークホルダーに貢献する義務があり、また地域社会にも貢献する必要があります。会社がよくなれば、必ず自分に返ってきます。よって、自分ではなくまず会社のためと考えるのです。そうすれば、上司とのコミュニケーションのあり方も、また変わってくるはずです。

会社目標、部署目標を掲げて説明せよ

自分の進めたい仕事を説明しても、それをさせてくれなかったり、待ったをかけたりする上司がいます。

会社や部署には通常、事業計画があり、目標が設定してあります。それを大いに活用することです。自分の進めたい仕事が会社目標や部署目標に合致していて、それが完遂され

れば目標に貢献することを上司に説明するのです。当たり前のことですが、もしあなたのやりたい仕事が会社目標や部署目標と関係ないことであれば、話は別です。一般的に、会社目標や部署目標を日ごろからきちんと認識している社員は多くはないですし、上司もそれらに関する説明を忘れている場合が多いことを指摘しておきます。

また、会社目標はあるのに、それが部署単位の目標や課単位の目標に落とし込まれていない場合もあります。こんな場合は、会議の席でそれらの目標設定が必要であることを申し述べるべきです。できれば、あるべき部署目標や課目標の叩き台も一緒に提案することをお勧めします。これらを提案するのは、事業計画を作成するときが一番効果的です。そして、定量計画という数値の議論だけではなく、それを成し遂げるための手段や方法を示す定性計画について議論することです。これによって、自分のやりたい仕事が明確に位置付けされるでしょう。

あなたのやりたい仕事と会社目標や部署目標が同じ方向を向いていて、それなりの成果が期待できると説明できていれば、ノーと言う上司はかぎりなく少なくなるはずです。

上司を同じベクトルに導け

あなたが上司であって、二人の部下がいるとしましょう。二人の仲が悪く、つねに意見が衝突している場合、どうやって彼らを使いこなすのが最善の方法でしょうか。

特になにもせず、二人を自由にさせておきますか。それとも、二人の事情を個別に聞いたうえで、間に立ってそれぞれの事情を相手に説明して仲良く仕事をさせますか。

前者と後者の二者択一であれば、後者のほうがよいのはお分かりですね。しかし、毎回あなたが間に立って、通訳のようにお互いのコミュニケーションの手伝いをしているようでは、いつまでたっても二人は成長しません。それどころか、あなたは自分がすべきもっと大きな仕事に十分時間を割くことができません。

正解は、前述のいずれでもなく、あなたの部署の向かうべき方向、すなわち将来の方向へ二人のベクトルを向けることです。

この時点で、A君のベクトルはB君のほうへ向かい、B君のベクトルはA君のほうを向いています。すなわち、二つのベクトルは衝突しています。そうではなくて、A君とB君に、「部署のあるべき方向」というまったく別のC地点を目指すように指示をするのです。

そうすると、これまでのベクトルのぶつかり合いはなくなります。つまり、あなたがすべきことは、部署の向かう方向や方針を二人にしっかりと説明することです。当然、あなたの向いている方向もC地点であり、全員が同じ方向を向くことになります。

前置きが長くなりましたが、上司とあなたとの関係においても、同様のことが言えるのです。ベクトルがお互いにぶつかり合っていてはいけません。あなたは、上司に会社や部署の方針がなんであるのかをやんわりと説明し、上司のベクトルを会社や部署方針のほうに向かせるのです。あなたが会社や部署方針の方向を向いていれば、結果的に上司とあなたのベクトルの方向が同じになります。会社や部署方針を説明するのは本来なら上司の役割ですが、上司がしっかりしていないのなら、あなたがやればよいことです。

もし、上司の意見もあなたの意見も会社目標に沿っていると思えば、やりたいことを断固進めればよろしい。進まないであなた自身も立ち止まっていると、あなたも会社に貢献していないことになります。

理にかなう説明をせよ

前項で説明したとおり、あなたがやりたい仕事が会社目標や部署目標にかなっているのであれば、推進するのに理屈が通っています。だからといって、自分のやりたいことがいつでもできるというわけではありません。これまでに説明してきたとおり、アイデアをボツにする上司はいくらでもいます。

ゆえに、理にかなった説明が必要です。ただし、それだけではなく、その仕事がどんな成果をもたらすのかを説明しなくてはなりません。

まず、うまくいったときの予想利益の説明です。人件費などの経費と時間をかけて、それ以上の利益が上がらないのでは、会社としてまったく意味がありません。どれほどの利益をもたらすか、すなわち収益性の説明です。

また、利益以外に会社が得るメリットがあるかもしれません。たとえば、他のビジネスにつながる、特定の取引先と好関係が構築できる、会社の将来に貢献する、従業員の士気が上がる、などです。これらを政策性と呼びます。

それでは、うまくいったときの説明だけで十分でしょうか。当然ながら、その反対も必要です。うまくいかなければどれだけの資金を失うか、どれだけの時間が無駄になるか。

さらに、それだけで収まらずに他の悪影響が出るかもしれません。いわゆるリスクファクターの説明です。まったく売り上げが上がらない場合を想定した最大リスクを認識しておく必要があります。

これらの理にかなった説明があってはじめて、やりたい仕事の説明となります。上司ができる人であろうとなかろうと、部下は理にかなう説明を行う必要があります。

上司を気にせず、仕事を気にせよ

部長や課長が死ぬほど嫌いであっても、あなたは会社に貢献しなければなりません。

職場がイヤという人は、その上司がイヤなのか、その部署の仕事自体がイヤなのかを明確に区別すべきです。

残念ながら、現実には上司はすぐに変わりません。しかし、なんとか上司を変える努力をする必要はあります。その目的は、上司のためではなくて、自分が会社に貢献できるようにするためです。

ひどい上司の存在自体は、気にしないことです。ここで言う「気にしない」とは、これまで説明してきたような努力をしないということではありません。ただ、「これだけ言っても分からないのか」と腹を立てても仕方がないということです。腹を立てても相手は変わりません。だから、やることをやったら、あとは気にしないことです。興奮状態になってしまうと、できる仕事も手につかなくなります。

ただ、気にしないと言っても「上司を無視してよい」とは言っておりません。繰り返しですが、報告などこれまでに説明した義務はやっておくことです。

念のためもう一つ。上司を気にしなくても、仕事は気にする必要があります。仕事には、熱意と執念を持つことです。たとえ、どんな上司があなたの周りにいたとしても。

第六章　バカ上司との戦い方

なんのために戦うのか、よく考えよ

残念ながら、上司はすぐに変わらない。

しかし、上司を変える努力をする必要はある。

前章の最後で、そう述べました。そのための一助として、ケースに応じた「付き合い方」について説明してみた次第です。

しかし、あなたがこれほど努力をしても変わらない上司、いつまでたっても会社に役立っていない上司を際限なく部下が支える必要があるでしょうか。「イヤな上司」「ダメ上司」はともかくとして、会社に貢献しないどころか会社に実害をもたらしている「バカ上司」であれば、戦うべきときには戦う必要があるのです。

ただし、あなたは部下の身分であって、長く会社にいる人と比較するとまだまだ経験不足です。下手に戦っても、木っ端みじんにされてしまうでしょう。会社をよくしたいと思っていながら、バカ上司にやられてしまったら意味がありません。戦うのであれば、勝つことが絶対条件です。

本章では、勝つためのいくつかの方法、あるいは、うまく戦いを進めるための方法を紹介します。

初めに言っておきたいのは、憂《う》さ晴らしで戦うのではまったく意味がないということです。繰り返しになりますが、バカ上司の下で鬱憤《うっぷん》が溜まっているのは痛いほどよく分かります。しかし、鬱憤を晴らすことが目的ではなく、会社をよくすることが目的なのです。決して自分のためではありません。ここはきちんと理解してください。これを間違ってしまうと、単なる生意気な小僧でしかありません。

どっちを向いて戦うのか

私がまだ駆け出しのころのことです。「利益率の低いビジネスをなんとかしろ」と上司から指示がありました。当時、海外から半製品を輸入して、簡単な加工をして販売する仕事をしていましたが、輸入価格が上昇したため利益率が低下していたのです。

いろいろ自分なりに考えて、船会社、港湾業者、トラック業者などと交渉をしてコストを低減し、利益率を前のレベルまで上げることができました。しかし、その結果を（得意がって）上司に報告したところ、「バカヤロー」と一喝されたのです。「お前はどっちを向いて仕事をしているのか」「業者をいじめるだけなら、バカでもできる」「お客様とどれだけ交渉したのか。なぜそっちに向かって戦わないのか」……。お客様とは、コワモテの購買担当がいる大手の会社です。まともに掛け合っても聞いてくれないと思い込んでいて、実際、ろくろく交渉していなかったのです。

このときの一喝から、自分のサラリーマン人生が変わりました。「どっちを向いて戦うのか」とは、言いやすい相手にものを言っているだけではダメだということです。

私は二度、転職をしましたが、現在の職場は設立されて間もないベンチャー企業です。様々な会社と付き合っていますが、なかには、大企業であるのをいいことに弱い者いじめをするような人がいることを実感します。親身になってアドバイスする振りをして、隙あらば相手を取り込んでやろうと考えている。そんな人たちとは、どんな形であれ、戦っていかなくてはなりません。

社外のみならず、社内においても同じことでしょう。頑として納得しない上司をなんとかして説得するには、戦うしかありません。「あんな上司に掛け合っても無駄だ」と周りが言っても、データを示して論理的に説明したり、ときにはこちらからコワモテで迫ったりして、あの手この手で粘り強く戦わなくてはならないのです。

顧客・業者・上司、どれも同じです。会社のために、自分がだれに向かってメッセージを発するべきなのか。だれと戦うべきなのか。それを知っておく必要があります。

仲間を増やせ

バカ上司の多くは、自分の見識のほうが部下より高いと思い込んでいます。会社にいる年数が長い分だけ自分の経験量が豊富だから、見識も高いと勘違いをしているのです。

このようなタイプには、チーム戦で挑みましょう。「三人寄れば文殊《もんじゅ》の知恵」と言いますが、自分の同僚に相談することは非常に大切です。

まずは同僚に話すことによって、自分の考えが浅いのか、それとも本筋をとらえているのか、複数の頭脳で見きわめることができます。また、どのような説明方法がもっとも効果的であるかも見えてきます。

同時に、仲間として理解を求めているわけですから、これはコンセンサス作りにもつながります。同じ意見を持つ人は多ければ多いほどよいに決まっています。

具体的なメリットをあげてみましょう。まず、バカ上司に案件を説明する際に「多くの仲間が同調している」ことも参考情報として添えることができます。また、社内で案件の理解が広まることによって、事情を知った別の上司がバカ上司に一言言ってくれる可能性も生まれてきます。あなたの仲間がすぐに積極的な行動に出てくれるかどうかは分かりませんが、もしあなたがバカ上司とその件でぶつかることがあれば、間接的に加勢してくれる可能性も高いでしょう。あなたとバカ上司との戦いの理由を他の部署の多くの人が知っていればいるほど、多くの味方をつけていることになるのです。

あらかじめ、多くの人が問題点や解決策を共有しているならば、仮にあなたが上司との戦いに敗れても理解を示してくれるはずです。さらに上の上司が事情を調査することになれば、周りの人たちがあなたの考えを支持しているという事実によって、「彼の言うこともっともだ」「彼の上司も理解する必要がある」と判断してくれるかもしれません。

仲間に相談せずに自分一人が突然言い出しても、周りがついてこないことがよくあります。孤軍奮闘では、いくら正しいことであっても説得力がありません。まずは、自分の周りから味方につけましょう。

外部の見識高い人を使って説得せよ

社内ではなくとも、仲間を増やすことは可能です。

お客様を味方にしたり、顧問弁護士や契約しているコンサルタントに言わせたりする方法です。上司によっては、自分の部下からアレコレ言われたくないとは思っていても、外部の人間の意見は意外と素直に聞くタイプも多いからです。

部下の言うことを聞こうとしないバカ上司がいることは、すでに述べました。「部下は経験不足で、自分と対等に話せる相手ではない」と思い込んでいるので、最初から話を聞こうとしないのです。ひどいのになると、部下の話をさえぎって自分の意見を押し通してしまいます。相手の話をきちんと聞かないことは失礼な行為だと認識していないわけです。

ところが社外の人に対しては、自分が分かっていると思っていても、一応、話がすむまでは聞くものです。相手もそれなりの知識や見識を持っている人であり、話を聞かないと失礼だと思うからです。また、中途半端な自分の経験論だけでは相手から失笑を買ってしまうかもしれないと用心するので、部下への応対とは違って、きちんと説明しようという姿勢になるのです。結果的に、自分の考えが単なる経験論なのか、それとも相手の言うことに一理あるのか、客観的に判断できるようになるでしょう。

別の見方をすると、「部下はいつまでたっても部下だ」と思い込んでいる上司も多いのです。過去の失敗や幼さがいつまでも頭に残っているために部下の成長を認識していないバカ上司で、いい年になっても「子どもはいつまでたっても子ども」と思っている親と同じです。しかし、社外の人に対してはそんなことは思いません。ましてや、肩書きを持った人には一目も二目も置いてしまうのです。

社外の人を活用することを考慮に入れてください。普段からこういう人たちに自分から進んでアプローチしておくことです。

勉強会をやれ

仲間を増やすためのシステムを作ってしまうことが、勉強会の一つの目的でもあります。自分の同期や同僚などの固定メンツで、週一回とか月二回程度、勉強会をやることです。

あまり人数が多くても議論がしにくいので、一〇名以下が理想です。私もこれまで、どの職場にいたときも勉強会をやってきました。上司と戦うために始めたわけではありませんが、結果として、戦うときに大いに役に立った覚えがあります。

勉強会といっても、あまりかしこまった会合にする必要はありません。最初は雑談会でも構わないと思います。私がこれまでやってきたのは、「小さなことでもよいので会社に貢献できるプランを見つけて、それを必要な場所で提案する」ための勉強会でした。全員参加型の議論であり、コミュニケーションです。昼休みに一緒に食事をしながら、というパターンが、これまでやってきたなかでもっとも心地よく、効果が上がったと思います。

勉強会は名前のとおり、自分や仲間の知識量や情報量を増やします。問題点の経緯や詳細がタイムリーに入ってきて、問題解決の糸口になることも多々あります。

また、自分の考え方を人に聞いてもらうため、事前にある程度の勉強もするようになるし、プレゼンや議論の訓練にもなります。

そして冒頭に述べたように、仲間を増やすことにつながります。仲間が増えることによるメリットは、前述したとおりです。

なお、勉強会の位置付けは明確にしておくことを強くお勧めします。物事を決定する場所とするのか、そうではなくて、提案を作る場所なのか。そのあたりは、絶対にはっきりしておくべきです。

タイプにもよりますが、実力のないバカ上司は往々にして部下が行っている勉強会を警戒します。実力があって懐の深い上司であれば「勉強会はどんどんやれ」と言ってくれるでしょうが、バカ上司はそうはいきません。よって、「決定はしないが、提案をしかるべきところにする」としておくのが最良の策と思います。

また、議論ばかりで堂々巡りの勉強会も、長く続けるとむなしいものがあります。小さな改善や、だれから見てもすぐに役に立つようなことは、どんどん提言していきましょう。

まとめると、「決定はしないが、提案を考える。だれもがよいと思う小さな改善には、即着手する」。それが勉強会の明確な位置付けとなります。メンバーは、「その会ではなにをしているのか」といろんな上司から聞かれても、この位置付けをはっきりと繰り返すことです。

証拠を残せ

たとえば、あなたがバカ上司と大喧嘩をして、さらにその上の上司から別々に事情聴取をされたとしましょう。あなたが「これまでに何度も上司に改善を求めて指摘していたのですが、とうとう喧嘩になってしまいました」と説明したところで、バカ上司が、上の上司に「そんな指摘はこれまで受けたことがない。彼はまだ経験が浅く、物事を悪くとらえて考え込む悪い癖があるのできちんと指導していく」「そんなに深刻な問題ではありません。きっと、彼はどこか虫の居所でも悪かったのでしょう」などと適当な説明をしてお茶を濁してしまったら、あなたが負ける可能性は高くなってしまいます。

自分の上司と喧嘩をするのですから、あなたにそれ相応の信頼性が必要です。喧嘩をするのは自分の気持ちよさのためではなく、会社をよくするためであることは前に説明しました。会社のためによかれと思ってあなたが戦っていても、結果的に、あなたの鬱憤晴らしのための勝手な行動と結論づけられたら意味がありません。あなたのほうが正しいと判定されなければ喧嘩をする意味がないのです。

したがって、事実の積み上げと記録が大切になります。口頭だけで改善要求をするのではなく、メールでも同じ内容を要求しましょう。同時に、提案を書面にしておくことも大切です。書面には、日付を忘れないように。また、何度も上司に要求していることを自分のノートにまめにメモしておきましょう。相手が書面などを保管していない場合でも、こちらが残しておいたメモがあれば、後々役に立つことがあります。

すでに説明したように、提案の口頭説明も、あるいはメールの文章作成も、冷静にきちんとした形で行うことです。将来、それらが事実を積み上げた証拠になると思えば、余計な感情は抑えることができるはずです。

上司へのメールの内、最低一回は、その一つ上の上司にもＣＣで送信しておきます。上司が激情型であればＢＣＣでも構いません。

提案や意見を書面に残すのは、喧嘩に勝つための証拠にすることが目的ではありません。本来、これらは普段からやっておくべき基本の作業です。要するに、上司との喧嘩を覚悟するのであれば、こういった基本がきちんとできていなければいけないということです。

話は脱線しますが、職場を異動する場合、後任者への引継ぎ書を細かく真面目に書いておくことも大切です。特に、問題点への取り組み姿勢は明確にすることです。バカ上司がその部署に残ったままだと、うまくいかないことが生じた場合、すべてあなたの責任にされてしまいます。前任者否定などはされて当たり前なのですから。こんな連中にいちいち付き合っている必要はありませんが、ここ一番で大きな問題を突きつけられたら、その引継ぎ書が証拠としてものを言うでしょう。

外堀を埋めよ

負けると分かっているのに戦うのは無意味です。戦いをするからには勝たなければいけません。

これまでに述べてきた、「仲間を増やすこと」「証拠を残しておくこと」などは、バカ上司と戦う前に外堀を埋めておけということです。

粛々と、戦いの準備をしておくことです。何度も繰り返しますが、会社での戦いはあなたの意見や提案を通すためであって、バカ上司をやっつけて気持ちよくなることが目的ではありません。したがって、あなたの意見を他の多くの人が支持し始めたことや、書面での要請の重要性にバカ上司が気づけばそれで「勝ち」なのです。外堀を埋めた段階で気がつく上司であれば、その時点で成功です。戦わずして勝利する理想形です。

ただし、いくら手段を講じてもまったく気がつかないバカ上司もいれば、社長や幹部のことしか考えていないバカ上司もいます。この場合は、外堀を埋めた城を落とすしかありません。

戦いを始めたら、徹底的に

準備ができたら、会社のために思いきり喧嘩をやればよろしい。野球のピッチャーが、投球するときに全力で腕を振るように。ただし、冷静に議論で戦うのが基本です。私はあまりうまくできなかったのですが、論理的な議論を、嫌味なく行うことができれば最高です。

ただし、完璧な戦いでなくても仕方ありません。会社のために戦っているのですから、多少の脱線や失敗はよしとしましょう。冷静な議論のつもりが熱い議論となってしまっても、「主語は自分ではなくて会社である」ことを忘れさえしなければ、それもよいでしょう。

戦っているときは、一心不乱に自分の主張をすることです。その際、大切なことを言い漏らさないように、箇条書きのメモを手元に持っておくべきです。問題点を絞り込んで、なにを言いたいのかをはっきりさせましょう。

戦っているのですから、バカ上司がこちらの話をさえぎってきても、「最後まで聞いてください」と言い切って押し切ること。いつもの雰囲気とは違うのだ、ということを明確に示す必要があります。

また、相手が言い訳をして逃げるようであれば、「逃げないでください」「私が真剣に意見を述べているのに、なぜ聞いてくれないのですか」などと、言葉で強く迫るしかありません。そして、あなたがこれだけがんばっているにもかかわらず、相手が薄ら笑いなどをしているのであれば、怒りなさい。声を荒げて、「怒っているのだ」というメッセージを相手に伝えなければなりません。こんな状況でもニコニコ顔で対応していたら迫力がありません。戦いをやるのなら、徹底的に思いきりやりましょう。

喧嘩と直訴

バカ上司と直接喧嘩をするのではなくて、その一つ上の上司に直訴することも一策ではあります。

直訴をすると、その上司は当のバカ上司からヒアリングをするでしょう。結果、バカ上司はあなたが直訴したのを知ることになります。

バカ上司の立場からすると、部下にタレ込みをされたということになります。当然のことながら、直訴は自分のいないところで行われたわけですから、バカ上司は、あなたがどのように説明したか分からず、疑心暗鬼に陥るでしょう。逆に、あなたにとっても、バカ上司がヒアリングを受けたときにあなたのことをどう言っているのか想像がつきません。

結論から言うと、お互いの理解を深めるという意味では、私は、当事者同士が話し合える喧嘩のほうが直訴より好ましいと考えます。

何度バカ上司に進言しても聞かないので直訴に及んでいる、という理屈は成り立ちますが、直訴よりは喧嘩を採っていただきたいと思います。上司・部下の関係からすると、直属の上司と部下がぶつかり合うほうが、第三者の仲裁を待つより自然です。いわば、喧嘩が直球だとしたら直訴は変化球です。

理想論ですが、会社の全員が直球であれば、非常に分かりやすい組織となります。それぞれの部署で上司と部下が直接ぶつかり合いをしている会社と、いくつかの部署長が仲裁に駆けずり回っている会社とを比較したら、前者のほうがずっと健康的です。そもそも、会社のために議論を戦わせることは少しも悪いことではありません。

喧嘩は証人のいる前でやれ

上司と喧嘩をするなら、当事者以外の人がいる前でやるべきです。上司とあなたと二人だけで喧嘩をすることは、絶対に得策ではありません。

私が入社二年目のころです。まだまだ会社生活の右も左も分からない時期でしたが、当時の課長と意見が合わずにぶつかったことがあります。たまたま、打ち合わせ机の横を通りかかった課長の上司があとで私を呼び出して、その経緯を聞いてくれました。私の主張には賛同してくれたのですが、そのあとで「喧嘩をするなら、だれか他の人がいる前でやれ」と教えられました。第三者がいない場所で喧嘩をすれば、結局「言った、言わない」の話となってしまい、部下に勝ち目はないと思え、との教えでした。

また、入社一〇年目の中堅で、海外勤務をしていたときのことです。ある案件で支店長に何度も書面や口頭で提案したのですが、まったく聞く耳を持ってくれません。話の途中で怒り出し、怒鳴り散らし、「文句あるのか」「オレがだれなのか分かってものを言っているのか」と相手を威嚇《いかく》するパターンの人間だったのです。その一方で、自分の上司にはずいぶん気を遣う人でした。第四章で紹介した〝ワニ〟の典型です。仕事はできるのですが、周りの社員は閉口していました。

あるとき、一人の役員が東京本社から出張でその海外支店に立ち寄りました。支店長宅で豪華なケータリング（出前）を取り、社内の関係者を集めての歓迎食事会となりました。結論を言いますと、その場で例の支店長と口論をやってしまいました。いや、正確に言うと、初めから「今日は徹底的に喧嘩してやる」と決めていて、それを実行したのです。昔先輩から教えられたとおりに、第三者がいる前で。こちらはクビ覚悟でしたが、結果的には首尾よくいって問題解決となりました。

もっとも、あまりに大人数がいる前で喧嘩をするのは、相手をそれだけ傷つけることになるので考えものです。しかし、少なくとも、第三者がいる場面を選ぶようにはしてください。相撲には行司がおり、ボクシングにもレフェリーがいるのと同じことです。

肉を切らせて骨を断て

第五章で「どうでもよいことは、上司に従えばよい」と述べました。バカ上司と戦っているときでも、このことが大切です。戦っているときには、その上司からあらゆる反論が返ってくることが予想されます。あなたの主張する問題に直接反論もするでしょうが、まったく問題とは関係のないことや非論理的なことを言い出すケースも十分に考えられます。場合によっては、あなたの過去の失敗や、あなたの部下管理に対する不満にまで言及してくるかもしれません。

自分が提起している問題点を明確にして、獲得すべきものだけを獲得することに集中すべきです。仮に、相手があなたの過去の失敗を引き合いに出してきても、それについて議論したりそれを否定することに意識を向けてはいけません。同様に、過去の失敗を引き合いに出して今の提案に疑問を投げかけられたとしても、考え込んでしまってはいけません。過去の失敗や未熟さといまの戦いとは、まったく関係がないからです。

そもそも、あなたはバカ上司と戦おうとしているのです。相手は、わざと問題点を理解していない振りをしているのかもしれません。関係ない話を持ち出して逃げまくろうとしているのかもしれないし、逆に、関係ない話を攻撃材料に使おうとしているのかもしれません。したがって、こちらとしては「なにが大事な話なのか」をしっかり頭に入れて、その点だけで勝利すればいいのだと割り切ることです。その代わり、関係ない話に関しては、負けてもよい。認めても差し支えないような話は、認めてしまえばいいのです。

自分の皮や肉は切らせてもまったく構いません。相手の骨を叩き切ればよいことです。勝ち取るべき本丸はなんであるのかを十分理解して、それだけはどんなことがあっても獲得することです。

思わぬところで共感を得られることもある

私が三〇歳ぐらいで、海外に駐在していたころの経験です。海外の会社から製品を仕入れて日本で販売する、いわゆる輸入業務を担当していました。その海外の会社はしっかりした組織であり、同時に、きわめて強気でした。こちらとしては、少しでも安く仕入れないと利益を出すことができません。日本市場の状況説明などを含めた交渉作戦を東京の担当者と何度も練って、いざ交渉に臨みました。

まずは「これまでは御社の製品が日本で長年使われてきたが、日本市場がたいへん不況であるため、このような高値ではもう買うことができない……」と、事前に打ち合わせたとおりに日本の市場環境をしっかりと説明しました。相手もきちんと聞いているようで、手ごたえがあったかに思われました。しかし、先方の答えは「日本市場がそんなに厳しいのならば、こちらとしては日本市場以外に販売する」と一蹴です。これでは、いったん退却せざるをえません。

次に東京の担当者が「あの会社は儲け過ぎだろうから、そこを突こう」とアイデアを出しました。そのストーリーと具体的数値を持って再び交渉したのですが、「なるほど、わが社は儲かっている。しかし、株主に貢献しなければならない」と高笑いでまたまた一蹴です。

再び、東京の担当者と電話で作戦会議。結局のところ、「最後は泣き落とししかない」ということで、「わが社としてはビジネスを継続したいが、このままでは赤字になってしまう。なんとかならないか……」。普段から相手との付き合いはきちんとやっている自負があったので、これでいけるかと途中までは思ったのですが、やはり現実はそう甘くありません。返ってきたのは、「赤字であればビジネスをやめるべきだ。あなたの会社にとってもよくないだろう」という偉そうなお言葉です。

思わずカッときました。「この野郎、言ってくれるじゃないの」。もはや、弾はすべて撃ちつくしたのだから、やけのヤンパチです。次の瞬間、「なんだ、こんなに一生懸命やっているのに。これまで、少なからずお前の会社の役には立ってきただろう。相応の利益(reasonable profit)がないとオレたちはやっていけないのだ!」と言ってしまっていました。そして、「それじゃあ」と言って席を立とうとすると、相手は笑顔で「Thank you for the deal(商談成立ありがとう)」と握手を求めてくるではないですか。こちらとしては「なんじゃこれは?」です。それまでは、日本での商談のときのように、こちらの利益をあからさまに主張するような言葉を使っていなかったのですが、開き直ってホンネを口に出した途端に、契約が成立してしまったのです。

自分の予期してないところに相手が共感するケースもあるのです。戦うときは、なにが起こるか分かりません。ひとたびゴングがなったら、なんでもやってみることです。簡単にあきらめないで、いろんな方向から戦いましょう。

相手に「与えるもの」を用意せよ

部下の意見をすぐに受け入れようとしない上司も「もしそれが成功したらどうなるか」を考えれば、少なからず心くすぐられるところはあるものです。成功すれば、その上司も評価されるからです。もちろん、成功した場合のことよりも失敗した場合のリスクのほうをはるかに重く心配しているのでしょうが……。

意見を説明する際には、「この案件は会社の将来に貢献します。成功させてわれわれの部署の業績を上げ、○○さんにも喜んでいただきたいと思います」といったように言葉の選択に配慮しましょう。

また、失敗のリスクについてはとても敏感な上司でしょうから、そこもきちんと説明したうえで、「仮に負けたとしてもみっともなくはない」という理由付けを与えてあげることです。これは現時点での最善の選択であって、万が一結果が出なくても、将来からいまを省《かえり》みるとやはり最善であったと言われるはずだ――そんなふうに、丁寧に説明してあげることが大切です。平たく言うと、彼の責任にはならないということを婉曲《えんきょく》的に示唆するのです。

また、議論で上司が負けたという形は決して取るべきではありません。そうではなく、「部下の無理を受け入れてもらった」という姿勢をつくるべきです。それまで上司がノーと言っていたことを全面撤回させてイエスに変えたのではなく、「こちらの考え方に理解をいただいた。これまでは説明不足でした」というように。

「小さなことは妥協すべき。皮や肉は切られてもよい」と言いましたが、これと同じです。骨を断つことができるのであれば、議論で勝った負けたは関係ないのです。

差し上げるべきものは、気持ちよく差し上げましょう。

主語はあくまで「会社」

仕事の成果を出して会社に貢献することがもっとも大切であり、そうすることによって自分自身を高められる。このことは、何度も繰り返しました。自分がやりたいことを目指すのではなく、会社にとって役に立つことを目指すべきなのです。

上司と戦うところまで覚悟ができているのですから、その内容は、当然、会社にとっても大切なものでしょう。であれば、第五章で述べたように、バカ上司と戦っているときの会話の内容についても、主語は会社としたいものです。「会社をよくする」「会社に貢献できる」「会社の業務改善となる」といったように。

「私がやりたいことはこれです」「自分はぜひこれに挑戦したい」などと、自分を主語にして表現したい気持ちはよく分かりますが、なにしろバカ上司が相手ですから、あらぬ誤解を受ける可能性を考慮しておかなくてはなりません。相手は、「お前は自分のことしか考えていないじゃないか」などと言いかねないのです。

したがって、「会社をよくするためには○○をすべきです。私は、それに全力を尽くします」というふうに、まずは会社のために提案していることを明確にして、次にそれを自分が責任を持ってやりたいという意思を表明する、といった手順が必要となるでしょう。

戦いが長引くようなら、状況を一つ上の上司に報告せよ

上司との戦いでは、一度で終わらず何度か話し合いをしたり、あるいは、継続的にメールのやり取りをしたりすることもあるでしょう。そんなときに、戦っている上司のさらに一つ上の上司に会う機会があれば、「戦っている」現状を報告しておきましょう。また、一つ上の上司にメールをしておくのも効果的な方法です。

ここでは、戦っていること自体を伝えるのが大事です。そして、あなたの思うところとその理由を伝えておくことです。なぜなら、いずれあなたの直属の上司は、一つ上の上司になんらかの形であなたとの問題を説明するからです。あなたと上司が戦っているということについて、片方からだけ聞くのと、両方から聞くのとでは、一つ上の上司にとって安心感が違います。片方からの報告しか判断材料がない場合、一つ上の上司は、あなたがパニックに陥ったのでそのような行為に及んでしまった——と思い込んでしまうかもしれません。しかし、あなたからの報告があれば、二人はもめているが、あくまで冷静に戦っているのだという正確な状況を知ることができるのです。

また、もめている内容が（一つ上の上司にとって）非常に些細なことであれば、戦っていることだけを伝えても構いません。「○○さんと議論してしまいました」「○○さんと細かいところで意見が合っていません」などといったように。

私は、ある上司と実際に戦ったときに、その一つ上の上司に「○○さんとサルカニ合戦をやっています」とメールで報告したことがあります。「サルカニ合戦」と表現しておけば、一つ上の上司が取り組まなくてはいけないような大きな案件ではないことや、本気で（殴り合いに発展するような）喧嘩をしているわけではないことを理解してもらえると思ったからです。

そして戦いが終わったら、一つ上の上司に報告すること。「○○さんにはご理解をいただきました」と謙虚に言うことです。たとえ、あなたの言い分が正しくてバカ上司に圧勝した場合でも、戦いを起こしたことで関係者に心配をかけたのは事実なのですから。

順序が逆になりますが、上司と戦う前にその一つ上の上司と話す機会があれば、「○○さんと衝突してしまうかもしれません」などと予告しておくと、あなたが冷静であるということを一つ上の上司に理解してもらえます。もしくは、予告するだけで、その上司が解決に乗り出してくれるかもしれません。これならば、戦わずして勝ちとなります。結果的には直訴に似てしまいますが、この場合はあくまで「予告」しただけであって、戦いの内容をタレこんだわけではありませんから、まあ許容範囲と言えるでしょう。

打たれてもくじけるな

上司に戦いを挑むと覚悟して行動を起こしたのですから、ちょっとやそっと打たれたくらいでへこたれてはいけません。

私の尊敬する上司の昔話です。当時の会社幹部に対して、新規分野にビジネスを拡大する必要性について熱心に説いたのですが、何度言っても幹部は首を縦に振りません。資料を変え、角度を変えて説明しても納得してもらえませんでした。その新規分野とは、彼らにとってあまり馴染《なじ》みがなく、当然、経験も豊富ではないハイテク分野だったのです。

その上司は、「覚悟に勝る決断なし」と自ら言い切るような侍タイプであり、私も含めて普通の社員から見れば、まさに行動力の塊のような人物です。その人が、一時は「何度やってもダメだ。もう会社に行きたくない」と思ってしまったというのですから、どれほど厳しい逆風であったか、想像がつきます。

しかし、紆余曲折《うよきょくせつ》はあったものの、結局、最後まで戦って幹部を説得し、いくつかのプロジェクトを開始することとなりました。そして、結果的には会社に対して大きな貢献をすることになったのです。

その上司は、普段から「自分は失敗をたくさんしてきた」と後輩にざっくばらんに話す人でした。もちろん、彼の実績を考えれば、失敗よりも成功のほうがはるかに多かったはずですが、どうも彼のトークには、あえて失敗をしたエピソードを選択し、それを誇張しているような節があったのです。これは、部下に対して「失敗をしてもよいから、くじけず前向きにやれ」というメッセージを発信していたということなのでしょう。

一度負けても二度目で勝て

仮に、上司と戦って一回は負けたとします。つまり、得るべき結果を獲得できなかった場合です。しかし、一回の負けなどまったく気にする必要はありません。大会社であっても失敗はするし、いま成功している人だって、必ず、過去に何回か失敗しているはずです。

そもそも社内での戦いというのは、社外に会社の恥をさらすわけでもなく、また、会社に直接の損害を与えることでもありません。いわば、普段行っている「議論」の延長線上にある行為なのです。それに、最初の戦いで負けたとしても、次の戦いにつながる可能性があることを忘れてはなりません。

たとえば、こんなエピソードがあります。

ある海外の会社を買収して自社の傘下に収めたい、という稟議が出されました。昨今は日本でもその種の事例が増えてきましたが、外国では、会社自体を売却することがよくあります。ただ、このときはもう一歩踏み込めず、その稟議は却下されました。

それから一年以上たって、買収しようとしていた会社の優秀な経営陣数名が、上層部と意見が合わないので会社を飛び出すという事態が起きました。ここで、再び稟議が出されます。それは、社を飛び出す経営陣と組んで新たな会社を立ち上げるという内容でした。この二度目の稟議はすんなり通り、結果、その新会社は大成功したのです。

二度目の稟議が迅速に意思決定されたのは、一度目の稟議の時点で大事な部分が検討されていたからです。たまたま他の理由で買収は却下されたのですが、事業の将来性や経営陣の手腕については、すでに認められていました。よって、同様の事業内容で、優秀であることが分かっている経営陣が新会社を運営するのであれば、二度目の稟議を却下する理由はなかったというわけです。

もし、一度目の稟議がきちんと議論されていなければ、二度目も通らなかったかもしれません。少なくとも、即断即決には至らなかったでしょう。バカ上司との戦いもしかり。一度やって負けたとしても、二度目にトライしてみることです。相手は平気な顔をしているようでいて、実は結構、ボディブローが効いていることもあるのです。

「戦う人だ」と周囲に認識させよ

周到な準備をして戦ったのに、負けてしまったとしましょう。しかし、先ほど述べたように、負けたからといって会社員としての命脈を絶たれるわけではありません。

目先の勝ち負けよりも、バカ上司に対して、いや、もっと広く言えば周囲の同僚たちに対して「戦う姿勢」を見せられたことを収穫と考えるべきです。彼らは、あなたが「戦う人」であるという認識を強く持つでしょう。これが大事なのです。

上司の言うことをいつも素直に聞く部下というのも、ある意味ではかわいいかもしれません。しかし、全部の社員がそうであれば、会社は絶対によくなりません。会社のために上司と戦っている社員が問題視されたり、疎《うと》まれたりするようなことは、本来あってはならないのです。

バカ上司があなたのことを理解しなくても、きっと、周りの人間が理解してくれます。「自分はこんなに真面目に仕事をやっているのに、だれも認めてくれない……」「自分は孤独にがんばっているのに、どうして報われないのか……」などと悩んでいる人たちがいるかもしれませんが、決してそんなことはありません。見ている人は、見ているのです。

その逆も同様で、周囲がいいかげんだからといって自分も手を抜いていると、分かる人が見れば瞬時に分かってしまいます。

「損な戦いはしたくない」「自分だけが負けて貧乏くじを引くのはイヤだ」などと逡巡《しゅんじゅん》して腰を上げなければ、なにも起こりません。やるべき戦いをやれば、心ある人には、その意味が必ず伝わるものです。

第七章　自分がバカ上司にならないために

「いい人」と「できる人」の違い

多くの職場には、仕事はあまりできないけれど「いい人」と呼ばれる、そんな存在がいるものです。「○○さんって、上のご機嫌ばかりうかがっていて、物事を決められないいんだ。いい人なんだけどね」などと言われるような人たちです。こういう表現にはよく出くわすのですが、いくつかの解釈があると思います。

一つは、単なるやさしい人。このタイプは説明を省略します。

もう一つは、性格がいい人、話をしていて人間性を感じる人です。もっと言えば、人間的魅力を備えた人物です。仕事を進めるうえでの能力や技術が人間の左脳の役割であるとすれば、右脳が発達している人と言えるかもしれません。右脳はひらめきやクリエイティビティを生むと言われていますが、同時に、能力や技術では説明できない、人を包み込むような雰囲気を生み出す役割を持っているのではないかと思います。

第一章で述べましたが、仕事のできる人でもイヤな人はたくさんいます。部下があこがれる上司というのは、まずは仕事のできる人であり、それに加えて、人間的魅力あふれる人物であろうかと思います。「あんな人になりたい」「あの人のためなら、ひと肌脱ぐ」「あんな人についていきたい」と思えるような上司です。

能力や技術などは、学ぶ意欲があれば身につけることが可能です。しかし、右脳に関連するような人間的魅力は、意識したところで簡単につくり出せるものではありません。

そんなことも踏まえながら、これからあなたが会社でどう生きていけばいいのかについて、この最終章で述べていきたいと思います。

自分の変化に気づけ

テープレコーダーで自分の声を聞いてみると、「オレはこんな声をしているのか」と驚くことがあります。他人の声は聞こえても、自分の声はどんなふうに聞こえているのか分からないものです。

同じように、自分のことは自分が一番分からないものです。自分がバカになりつつあっても、それが分からないのです。だから、他人の言うことをよく聞きましょう。気心の知れている先輩や友人と飲んでいるときなどが、自分のことを聞いてみるよいチャンスです。

酒席では、その場にいない人の悪口や欠点が話題になることがよくあります。そんなとき、「自分もそうなのかもしれない」と相手に水を向けてみるのがよい方法です。

自分から言い出せば、相手はやんわりと表現してくれるものです。そのときに「そんなことはない」と否定したらそこで会話は終わってしまい、自分を知ることができる最高のチャンスを潰してしまうことになります。そうではなくて、自分から相手の「やんわりとした表現」に笑顔で具体的に質問して突っ込んでいくことです。自分のイヤな話を聞くのはだれしも好きではないでしょうが、相手は自分のことを思って言ってくれているのですから。

また、いまはバカではなくても、次の瞬間、バカになっていることがあります。これもまた、自分ではなかなか気づきません。

業績が好調で部下ともうまくいっていて、仕事がマンネリ化してきたときなどは、黄色信号です。業績や部下への甘えが落とし穴となるのです。

また、仕事が変わった瞬間や、新しい部下ができた瞬間など、自分の環境がこれまでと変わったときも要注意です。がんばり過ぎるというか、いいところを見せようとしてバカになってしまうのです。こうした兆候は、部下や周りの人をよく観察するとある程度は分かります。部下の表情を読み、空気を読もうと心がけましょう。

自分のことをフランクに言ってくれる先輩や友人を大切にすること。そして、節目節目によく自分を見つめてみることです。

自分の未熟な点を人前で言えるか

以前、あるテレビ番組で、マジシャンのマギー司郎さんが小学生に手品を教える場面が紹介されていました。マギーさんが子どもたちに手品を学ばせ、クラスで腕前を披露させるというストーリーなのですが、単に人前で手品の技術を見せるだけではなく、手品を披露する前に子どもたちにトークをさせるところがポイントでした。

マギーさんはまず、「自分のダメなところ、自分ができていないところを考えなさい」と指示します。子どもたちは、親の言うことを聞かない、勉強が嫌い……など、それぞれが自覚している弱みをあげていきます。するとマギーさんは、「それを手品の前のトークに必ず入れなさい」と言うのです。

つまり、自分の欠点を人にさらけ出せ、ということです。自分の恥ずかしい部分を表現するということは、簡単ではありません。子どもたちも躊躇していました。しかし、それをやってのけることで、これまでに越えられなかった、もしくは、考えたこともなかった壁を乗り越えたのです。他方、これを聞く観客役のクラスメートは、自分をさらけ出しているマジシャンを、非常に正直で親近感が持てる人物ととらえます。そんな短いトークのあとに手品を披露すると、教室が拍手喝采となりました。マジシャンと観客の心が一体となったのです。この番組には非常に感動しました。

恥ずかしながら私は、わが身を振り返ると、これがもっともできていませんでした。自分の弱みを人に見せたくない、知られたくないと思っていた私は、この番組を見て大反省しました。自分は小学生でもできることをできていなかったのだと。

加藤諦三さんの『自分に気づく心理学』（ＰＨＰ研究所）には、「実際の自分を隠す人は、隠すことで好かれようとしながら、逆に嫌われている」とあります。裏を返せば、ありのままの自分を表現できる人は、人望も厚いということになります。

自分をさらけ出すことによって、相手が親近感を持ってくれる。そうなれば、相手からのフィードバックを促進させることにもつながります。結果、自分の成長にも結びつくというわけです。

ユーモアを身につけよ

後日、別の番組でもマギーさんのステージを見ました。また、実演も見に行きました。そこでは子どもたちに教えていたことを自ら実践されていたのですが、実は、もう一つステップがあることに気がつきました。

まずは例によって、トークです。「自分はこんなこともできない」「自分はこんなことが苦手だ」といったことをユーモアたっぷりに説明します。そして、観客の雰囲気が十分に和んだところで、簡単な手品をもったいつけて始めるのです。ところが、その手品は失敗します。うまくいかず、タネがバレてしまう。当然、会場は笑いの渦となります。

しかし、最後に用意された難しそうな手品は、スパッとやってみせるのです。すると会場は、一転して拍手喝采に包まれました。最初にわざと失敗して観客の期待値をグンと下げておいたところで、プロのテクニックを見せるという高等戦法です。マジックそのものの技術に加えて、演出能力が非常に優れているのです。期待値の落差で、観客を喜ばせる。これこそ本当のマジシャンだと思いました。

単に能力や技術を誇示するだけでは、人を引き付けることはできません。マギーさんのステージを支えているのは、技術をより効果的に伝えるための「ユーモア」なのです。

仕事ができて、人望が厚い。そんな理想的上司を目指すのであれば、「ユーモア」を身につける努力も必要となるはずです。

「自分の仕事」をきちんとこなせ

あなたは会社のミッション（社是）を知っていますか。また、部署の方針をいつでも言えますか。これからの会社の進むべき方向や部署のあるべき姿を頭に入れたうえで、自分の仕事をやり遂げることが必要です。

できる上司であろうと、バカ上司であろうと、まずは信頼を勝ち取ることが大切です。

上司が細かいことにいちいち口をはさんでくるのは、あなたに仕事を任せるのが怖いからであって、要するに、まだ実力不足だと思われているのです。信頼を勝ち取ることができれば、口をはさんでくることもなくなるでしょうし、どんどん大きな仕事が回ってくるようにもなるでしょう。

封建時代は、武士が主君に仕えたように、妻は夫に仕えるという考え方でした。そのような文化においても、夫には「オレが偉い」と思わせておき、自分はつねに控えめでありながら、実はイニシアティブを取っていた女性がいたと聞きます。同じように、上司を立てて気持ちよく仕事をしてもらいながら、実は自分がイニシアティブを取るように持っていけばいいのです。

上司に対して、あるいは会社に対して提言するには、まず、自分の仕事をきちんとこなせることが最低条件です。

リーダーシップについて勉強せよ

自分が知っている自分と、他人から見た自分には大きなギャップがあります。自分では人にやさしいと思っていても、他人からは冷たい人と思われている可能性もあります。簡単なことではありませんが、「自分がどのように他人に映っているのか」「自分はいったいどんな人間なのか」を認識しなくてはなりません。そのためには、いろいろな人と話をし、様々な本を読むことです。

やさしく婉曲的に自分を諭《さと》してくれる人からは、その婉曲的な部分についてさらに注意深く聞いてみましょう。こちらから質問すれば、より具体的に説明してくれるものです。また、怒鳴ってくれる人に対しては耳をふさがず、なぜ怒鳴られているのか素直に聞いてみるべきです。怒鳴られたからといって、反射的に「なんだこの野郎」と敵意を抱いてはいけません。あるいは、感情的になって心の扉を自ら閉ざしてしまわないように。率直に言ってくれる上司や友人には、恥ずかしがらずに自分の悩みや迷いを打ち明けるべきです。自分では気づいていない欠点も指摘してくれるでしょうし、さらによいアドバイスをくれるかもしれません。

またよく言われることですが、「他人が自分にしてほしくないことを、自分も他人にしないこと」です。私が偉そうに言う資格はないかもしれませんが、そもそも、人は自分にやさしく他人に厳しいものです。

時間を見つけて、リーダーシップの勉強をされることを強くお勧めします。書店に行けば、リーダーシップに関する本が山積みされています。また、コミュニケーションに関する本もたくさんあります。

バカ上司の多くは、要するに勉強不足なのです。勉強すれば補える点がたくさんあることを、あなたは知っておいてください。

バカ上司を反面教師とせよ

一年でも二年でも上司という役割をやれば、よほどの人でないかぎり、少なくとも瞬間的には「ひどい上司」になってしまうものです。

そもそも、初めて上司になったときには、自分がどうすればよいのか分からないものです。いくら上司の心得を先輩から教えられても、あるいはビジネス書を何冊読んでも、これまで部下専門であった人間が、ある日突然、立派な上司になれるはずがありません。

また、ある程度の経験を積み、部下に対する姿勢ができてきても、客先や上役から思わぬプレッシャーがかかったときなどに、ひどい上司に豹変《ひょうへん》してしまうケースもあります。

突発的な問題が発生すると「なんとかしなければ」と気が焦り、本来あるべき上司と部下の関係なんぞはどこかに飛んでいってしまうからです。

もしあなたが、あなたの一番嫌いな上司と似ている、と部下から言われたらどうしますか。さぞかし、ショックを受けるでしょう。現実は、別にあなたに落度があるわけではなく、部下が仕事を覚えなかったり、自主性が欠如しているだけなのかもしれません。しかし、だからといってムカついてはいけません。上司である以上、部下の育成という大きな仕事を背負っているのですから。

これを解決するには、先ほど述べたように、自分の姿を省みる必要があります。

そのための近道を教えましょう。あなたが仕えてきたバカ上司のことを思い出し、それを反面教師とするのです。部下であるときは上司の悪いところがよく見えますが、上司になってしまうと、自分のことはなかなか見えません。また、部下であったときは自分の欠点が見えないのに、上司になった途端に部下の欠点が見えてきます。繰り返しになりますが、人は自分にやさしく他人に厳しいからです。

バカ上司に対してただムカついているのではなく、いまのうちに、その姿をしっかり頭に叩き込んでおくことです。

できる上司とできる部下に挟まれたとき

上司はたいへん有能な人物であり、かつ、部下は卓抜して仕事ができる。そんな環境に置かれて、あなたは自分の実力を十分発揮できるでしょうか。

上司や部下ができる人であればあなたがいるグループの効率は上がり、業績が向上することは容易に想像がつきます。私が尋ねているのは、そういうなかであなた個人としてどれだけグループや会社に貢献できるのかということです。

できる上司はあなたが的確な報告を行い、タイムリーに具申することを期待します。他方、あなたの部下は、日々起きている事柄をあなたにどんどん報告し、自分の意見を述べ、決断を求めてきます。あなたは部下の言うことを瞬時にして理解し、即刻決断しなければなりません。ノーなら説明責任を伴います。毎回ただイエスと言っているなら楽ですが、それでは主体性に欠け、そのうち信頼を失います。

私が米国三井物産のニューヨーク本店に勤務していたときのことです。私の上司のSさんは、頭の回転が早く、仕事のできる人でした。物事を的確に整理でき、論理的で、つねにスピーディ。それに加えて、部下思いで人間的魅力にあふれている。顧客からの受けもよく、バランス感覚も秀逸。ゴルフも歌も素人離れしてうまく、マージャンもやり手。私の報告もよく聞いてくれて、提案に対してはいつも前向きでした。

そして部下は、きわめて優秀でユーモアのセンスもあったS君と、参謀タイプで頭の切れが抜群のK君。また、この案件を発掘して推進しようと提案してきた別部署のO君、契約ごとなので法務の担当N君もメンバーにいました。O君は積極性にあふれ、N君は〝どなりのトトロ〟のような風貌《ふうぼう》ながらたいへんシャープで米国の弁護士資格を持っていました。

こんな面々で、米国の会社と共同で日本にジョイントベンチャーを作る仕事に取り組んでいたのです。(私を除いて?)理想的なメンバー構成です。毎日遅くまで打ち合わせを繰り返し、相手と交渉し、また打ち合わせを続けるという長丁場の仕事でした。

仕事が終われば飲みにくり出すのですが、ハードな仕事の反動か、みんな徹底的に飲むのです。翌日、私は、定時になんとか出社するものの、エンジンのかからない日も多くなってきました。他方、最後まで一緒に飲んでいるN君は、睡眠不足もなんのその、分厚い契約書に朝から取り組んでいます。S君、K君、O君も来る日も来る日も朝からエンジン全開です。S君の口癖は「飲み過ぎで耳から脳みそが流れ出ています」でしたが、それは口だけで頭はフル回転です。

しかし私は、睡眠不足ゆえに難しい議論について行けない日もありました。特に昼食後一時間は、自分の血液が全部胃に向かうためか、情けないかな、眠気との戦いだけでたいへんでした。日々変化する相手からの条件提示に契約のドラフトも変化し、その細部についての担当者の説明について行けないことが何度かありました。周りが理解しているのに自分だけが理解していない、そう感じるのは一種の恐怖です。それでいて、質問すると時間を浪費すると思ってそのままにしておくと、ますます分からなくなってしまいます。「申し訳ない、オレはダメ上司だ」と落ち込みました。

難しい交渉であることが分かっているのだから、早く帰宅して睡眠を十分取り、体調管理を心がける。そして、面倒でもその日のうちに問題点を整理して、疑問点を解消しておく。それをやらなくてはダメだ、と痛感しました。

できない上司や部下がいる環境では文句ばかり言っていたのに、反対に、できる上司と部下に囲まれると、高いレベルの期待に応えられない自分の姿に愕然《がくぜん》としてしまう。あの状態を放置しておいたら、まさに私は「大バカ上司」と化していたかもしれません。

メンターとなる人物を探せ

アルバイト一人でも自分の下にいれば、あなたは上司です。また、新入社員があなたの下に配属された途端に、あなたは上司になります。さて、あなたはどんな上司でありたいですか？

もちろん、「仕事ができて、人望の厚い上司」でしょう。前述したように、能力や技術的な部分、すなわち左脳的な部分は、その気になって努力すれば短期間でも会得することが可能ですが、人望というのは一朝一夕で得られるものではありません。子どもが親の背中を見て育つように、部下は上司の背中を見て成長します。まずは、自分がひたむきに仕事をこなし、勉強をしなければなりません。遊んでばかりいる上司の下で勉強に励む部下など、そうはいません。

私はこれまで何人もの素晴らしい上司に出会ってきましたが、例外なくそれらの人たちは勉強していました。

「なぜあんなに高齢なのにＩＴのことに詳しいのか」

「毎晩お客様と一緒で忙しいはずなのに、古典から将来予測に至るまで、どうして会うたびに知識が増えているのか」

そして、人望が厚い上司に共通していたのは、明るく前向きで、なおかつ、謙虚であるということでした。自分のほうから元気に挨拶をして、部下に対して「ありがとう」と感謝の気持ちを素直に表せる人。部下が成果を上げたときには自分のことのように喜び、悩んでいれば相談に乗ってやり、落ち込んでいれば励ましてやる。

そんな上司の一人だった私の大先輩は、「明るく」「前向きに」「逃げず」「知ったかぶりせず」をモットーにされていました。ちなみに私は、これに「即実行」という言葉を加えて、大先輩の許可を頂戴して使わせてもらっています。

だれでも、最初から上司としての資質を備えているわけではありません。あるとき、なにかのきっかけで目覚めるものです。多くの場合、ある人物がある瞬間に自分に大きな影響を与えてくれて、心の窓を開けてくれるのです。そういう人をメンターと呼びます。先ほどの「明るく、前向きに……」の大先輩は、大学の先生がメンターだったそうです。私の場合は、出会いが三〇代後半と遅かったのですが、「明るく、前向きに……」の大先輩がメンターだと思っています。

あなたも早くメンターを見つけることです。その気になって周りを探せば、どこかに「仕事ができて、人望の厚い」上司が必ずいるはずです。

「自分が社長だったら」と仮定してみる

もし、あなたが社長となったら、自分の会社をどんな会社にしたいですか。あるいは、どんな部下を使いたいですか。あなたの意向に反して、社内にはきっとたくさんのバカ上司を抱えています。彼らは、クビにならないように保身のことばかり考えています。そして、部下たちはバカ上司に対してウンザリしています。優秀な経営者であるあなたは、そんな空気を敏感に感じ取ることでしょう。

さて、どうすればいいのか？

まずあなたは、「これから入社してくる者に関しては、決してバカ上司にはならないような、優秀な人材を採用したい」と考えます。しかし、日本は実力主義になってきているとはいえ、まだまだ年功序列制度が残っています。いくら優秀な新入社員であっても、すぐに「上司」になれるわけではありません。会社によって多少の差はあっても、役職・役位があって昇進制度があり、一挙に飛び越すことはありえないからです。そうやって時間がたつうちに、本来は優秀であったはずの社員の一部（最悪の場合、大部分）はバカ上司になってしまいます。周りの悪環境に染まってしまうからです。

経営者のあなたは「バカとはさみは使いよう」と割り切るか、一〇〇パーセントは無理としても、バカを少しでも減らすように、日々たいへんな努力をするほかありません。

人、モノ、金という限られた経営資源のなかで、やはり一番大切なのは人です。それを育てるには経営者であるあなたが教育の重要性を語り、厚い人望を持ち、リーダーシップを発揮するしかありません。ゴマスリに迎合せず、裸の王様にもならず、実直な経営者であるべきなのです。

部下育成にあたっては、ときには厳しい意見を言い、部下の弱点を指摘することが必要です。気がついたことはすぐに部下に伝えるべきです。ただし、絶対にしてはならないのは、「部下の弱点や改善点を、本人ではなく他人に言ってしまうこと」です。この場合、上司が自分にこんな評価を下しているということを、同僚経由で聞いてしまうことになります。これでは部下は、上司が自分の悪口を周りに吹聴しているとしかとらえません。

評価は、人材育成の最重要ポイントです。人間が人間を評価するのですから、一〇〇パーセント正しいかどうかの疑義は残るにせよ、評価制度をよく従業員に理解させ、時間を惜しまないことです。評価をきちんとしないと絶対によい会社にはなれません。

米国の評価制度から学ぶこと

米国のビジネス社会における評価は、「目標設定」に対する「達成度」です。近年多くの日本の企業がこれを取り入れており、期首に上司と面談して目標を設定し、期末にその結果を再度話し合うというやり方はご存じのとおりです。

まず、自分がどの仕事を担当しているかを示す職務記述書（Job Description）を上司と部下で確認します。日本で言う担当表ではなく、自分の仕事を細かく明記したものです。

そして次に、半年なり一年の目標設定を行います。

米国では、昇進すれば給与がどのレベルになるか、昇進基準はなにかが明確です。どの役職がどのような能力を備えているべきかも明確に定義されています。

米国人は、評価が自分の思ったものと違えば、なぜそうなのかと聞いてきます。したがって、評価をする側もきちんとした答えを持っている必要があります。そのうえで、自分がどう変われば次のレベルに昇進できるのか、なにが不足しているのかと部下は遠慮なく質問してきます。日本人の場合、相手の欠点や不足している部分を率直に言うのが苦手な人も多いのですが、それを説明しないと相手は満足しません。それどころか、悪いところがないのになぜ評価が悪いのかと思わせることになり、評価する人、評価される人の両方にとってよい結果になりません。私も米国駐在のときにこれらを勉強しました。

このようなオープンな会話は、日本でもされるべきと私は思います。評価制度はあっても、上司と部下の十分な話し合いがされておらず、双方が遠慮して中途半端な運用しかされていないケースが多いのではないでしょうか。散見するのは、期首の話し合いが中途半端で、期末に評価者と被評価者双方が納得せずにウヤムヤに終わることです。

評価される立場からすれば、目標設定時には、難しいことは避けて、達成しやすい案件を目標にしたいと思います。また、同じ案件でも、できるだけ具体的な目標、たとえば数値目標は避けたいと思うものです。本来、その段階で上司と部下がしっかり話し合っていれば、あとで問題にはならないのですが、いいかげんな上司は、目標設定の段階で妥協したり、よく注意を払っていなかったりするのです。

「上司が部下になにを求めているか」が明確であり、そして「部下がそれを知っている」。そのことが、非常に大切なのです。普段からそうあるのが理想ですが、評価という正式な場においては、特にじっくりと時間をとって取り組んでほしいと思います。上司がそうしなくても、部下から求めることです。

自己責任で行動せよ

わが国では平均寿命が八〇歳を超え、その半分の四〇年近くを会社で働く時代となりました。

年功序列制度は徐々に変化を遂げ、五年、一〇年単位でさらに大きく変化することでしょう。インターネットの発展は就職活動を変え、企業紹介や転職紹介を生業とする会社もどんどん誕生しています。企業側においても、前回のバブル崩壊時には恥ずかしげもなくリストラをやり、永年にわたって積み上げてきた従業員と会社との精神的絆を自ら放棄したケースも数多く出現しました。

今後、ますます個人の実力が問われる時代になることは間違いありません。ただし、日本が一足飛びに欧米型に変化するとは思いません。個人プレイではなく、やはり組織力を活かした経営が中心となるでしょう。したがって、大きな課題となるのは人材育成であり、組織内のコミュニケーションということになります。この課題をこなせるリーダーこそが、次の世代を担っていくはずです。

会社を変えるのは、社員です。まず社員である自分が変わらなければ、会社を変えることはできません。何度も述べてきましたが、自分を変えるには学ぶことが大切です。

また、いくら勉強しても行動に移さなければ意味がありません。思いきりやりなさい。ただし、自己責任でやるのであって、他人のせいにしてはなりません。本書でさんざん分析してきた「バカ上司」のせいにしてはならないのです。

おわりに

近年、食品その他の偽装表示や、書類の改竄《かいざん》などが話題になっています。コーポレートガバナンス（企業統治）とかコンプライアンス（法令遵守）という言葉がこれだけ叫ばれていても、不祥事は跡を絶ちません。

偽装や改竄が発覚したために、会社自体が潰れてしまうことも珍しくありません。ちょっとした目先の利益のためにやったことが、会社に決定的なダメージを与えてしまうのです。

大手の会社では、どこもコンプライアンスの重要性を社内に通達し、内部告発ができるシステムをとっている社も多いと聞きますが、はたしてその仕組みは十分機能しているのでしょうか。

「法令を守れ」と総論で全社通達しても、それで問題解決になるとは思えません。大事なのは、各論なのです。

たとえば、上司から「やれ」と言われていた作業が小さな偽装であり、それに気がついた現場の社員がいたとしましょう。社員がそのことを指摘したとき、その上司は、はたして正しい行動をとれるでしょうか。

「イヤな上司」「ダメ上司」であれば、程度の差はあれ、会社のことは考えているでしょうから、どんな形をとるかはともかく、問題の所在はいずれ経営層にも伝わるでしょう。しかし、人の言うことを聞く姿勢がない「バカ上司」だとしたら、どうでしょう。あるいは、上役に耳ざわりのいいことしか言わないUSBだったら。

発覚している問題のほとんどは、退社した元社員や匿名社員からの告発によって明らかにされたものです。いつまでたっても止まない企業の不祥事を聞くたびに、私は、その理由の一つにバカ上司の存在があると思い、それを憂慮しているのです。

本書の刊行に先立って、上司に関する経験談や御意見を集めたホームページ（taku-an.co.jp）を開設しました。ぜひ、御投稿ください。今後、私のバカ上司研究（?）の参考にさせていただきたいと思います。

自分はまだ若いと思っていても、あっという間に部下ができます。くれぐれも、そんな上司とならぬよう努力していただきたいと思います。また、次代を担う部下をしっかり育てていただきたいと思います。世代交代を告げるベルの音が、私の耳にもしっかりと聞こえてきています。本書が、少しでも志高いビジネスマンのお役に立てば幸甚です。

二〇〇八年三月

古川裕倫

古川裕倫（ふるかわ　ひろのり）

一九五四年生まれ。早稲田大学卒業後に三井物産に入社し、二三年間勤務。その間、ニューヨーク、ロサンゼルスで通算一〇年の海外勤務を体験。二〇〇〇年、総合エンタテインメント企業のホリプロにヘッドハンティングされ、取締役執行役員を務める。〇七年、(株)リンクステーション代表取締役副社長に就任。著書に『できる人はすぐ決める！』（大和書房）など。

「バカ上司《じょうし》」その傾向《けいこう》と対策《たいさく》

集英社新書〇四三六B

二〇〇八年三月一九日　第一刷発行
二〇〇八年五月一九日　第三刷発行

著者……古川裕倫《ふるかわひろのり》
発行者……大谷和之
発行所……株式会社集英社
東京都千代田区一ツ橋二-五-一〇　郵便番号一〇一-八〇五〇
電話　〇三-三二三〇-六三九一（編集部）
〇三-三二三〇-六三九三（販売部）
〇三-三二三〇-六〇八〇（読者係）

装幀……原　研哉
印刷所……凸版印刷株式会社
製本所……加藤製本株式会社

定価はカバーに表示してあります。

ISBN 978-4-08-720436-0 C0236

Printed in Japan

a pilot of wisdom

日本の行く道
橋本 治　0423-C

今の日本に漠然としてある「気の重さ」を晴らす作家の確かな企み。「進歩」をもう一度考え直す大胆不敵な論。

フリーペーパーの衝撃
稲垣太郎　0424-B

無料なのに、読み応えのある記事が提供できて広告収入の上がる仕組みとは？　知られざる実像を明かす。

ハプスブルク帝国の情報メディア革命
菊池良生　0425-D

情報伝達メディアの原点・郵便網はハプスブルク家が整備し、欧州全土に広げた。その成立のからくりを追う。

新・都市論TOKYO
隈 研吾／清野由美　0426-B

汐留、丸の内、六本木ヒルズ等、東京の大規模再開発の現場を歩き、21世紀のリアルな東京の姿を読み解く。

新個人主義のすすめ
林 望　0427-C

群れずに快適に生きるにはどうすればいいか？　対人関係の様々な局面にふさわしい本当の個人主義を提案。

王道 日本語ドリル
金武伸弥　0428-E

敬語、慣用句、漢字の使い分け…、分かっているようであやふやな日本語の知識をクイズ形式で整理しよう。

自分を生かす古武術の心得
多田容子　0429-H

古武術の体の使い方や意識の持ちようは、老若男女にこんなに有効。体と心をほぐすその発想を平易に解説。

イカの哲学
中沢新一／波多野一郎　0430-C

特攻隊生き残りである在野の哲学者が40余年前に綴った「イカの哲学」の平和思想を、人類学者が現代に問う。

見習いドクター、患者に学ぶ
林 大地　0431-I

臨床実習は入学一週目から。若き著者はこうして「患者中心の医療」の精神と実践を学ぶ。熱血医師の青春記。

ゲーテ『イタリア紀行』を旅する〈ヴィジュアル版〉
牧野宣彦　007-V

ヴェネツィアを、ローマを、ナポリを、若き日の文豪の旅の足跡を丹念にたどる新感覚のイタリアガイド。